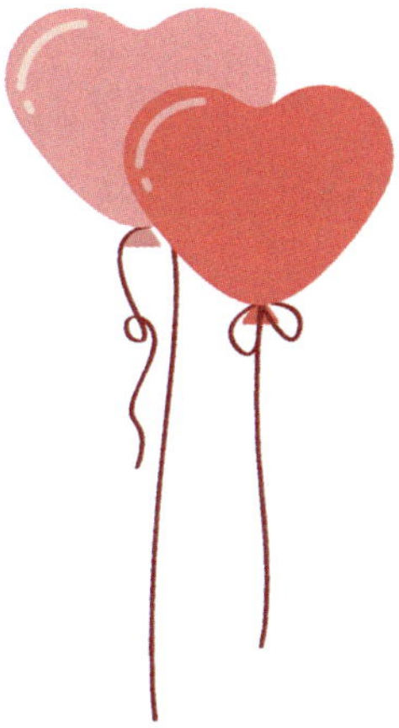

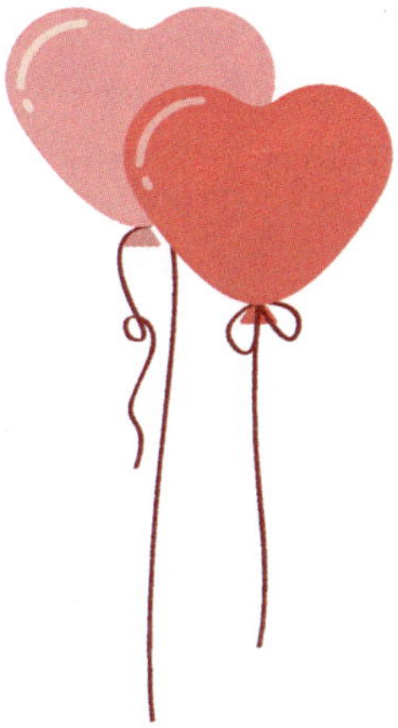

This book belongs to:

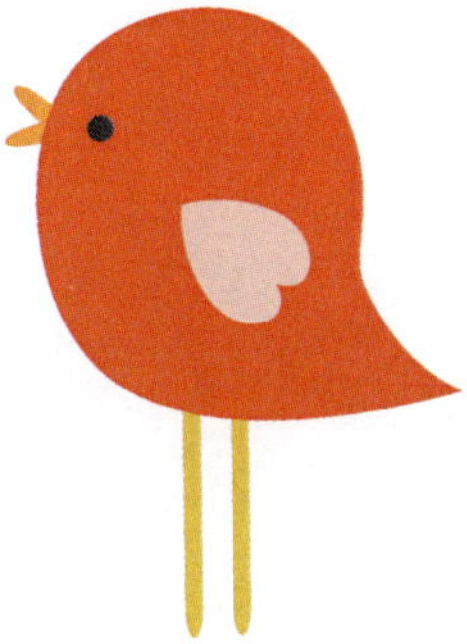

Aa

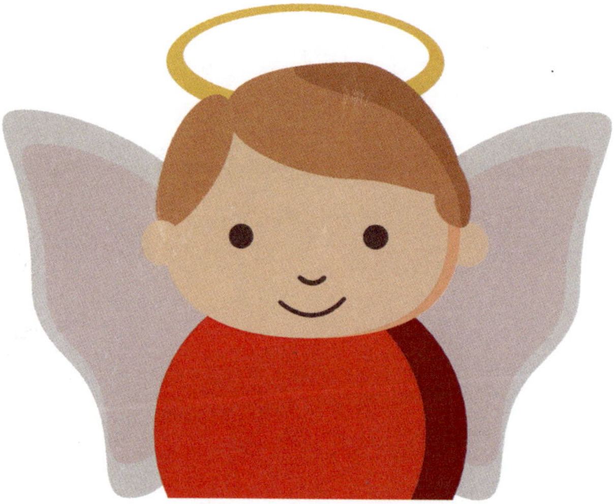

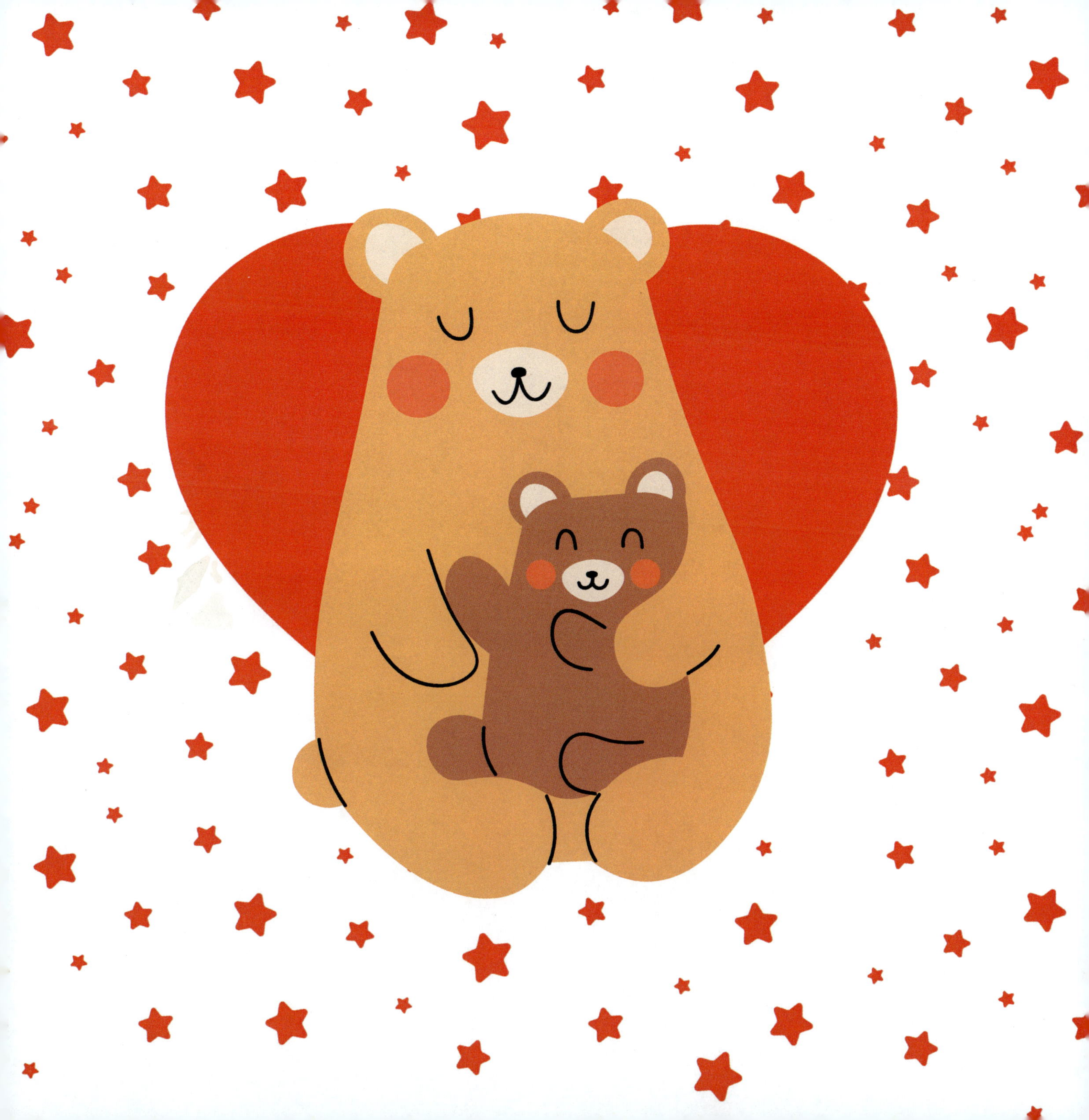

Bb

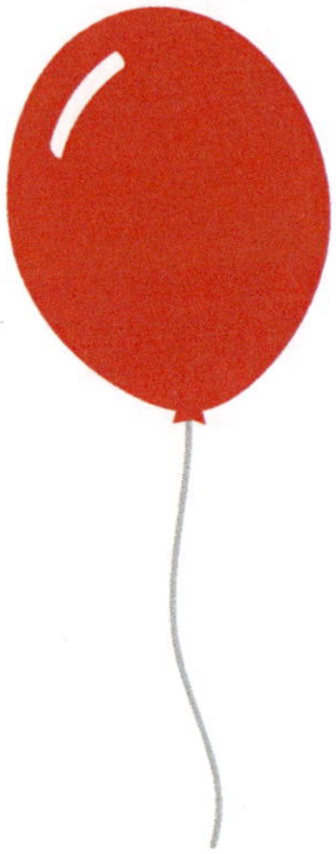

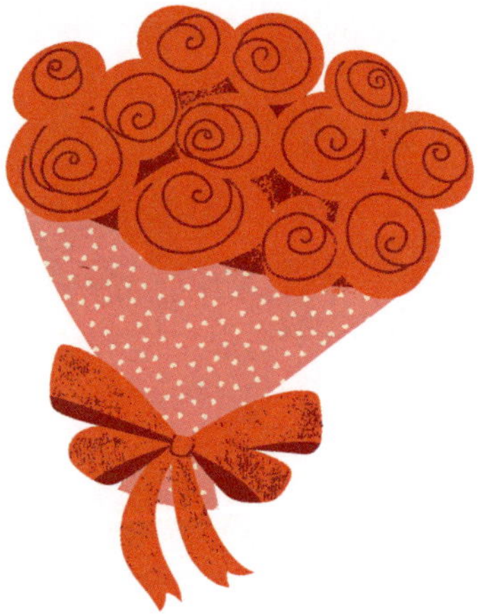

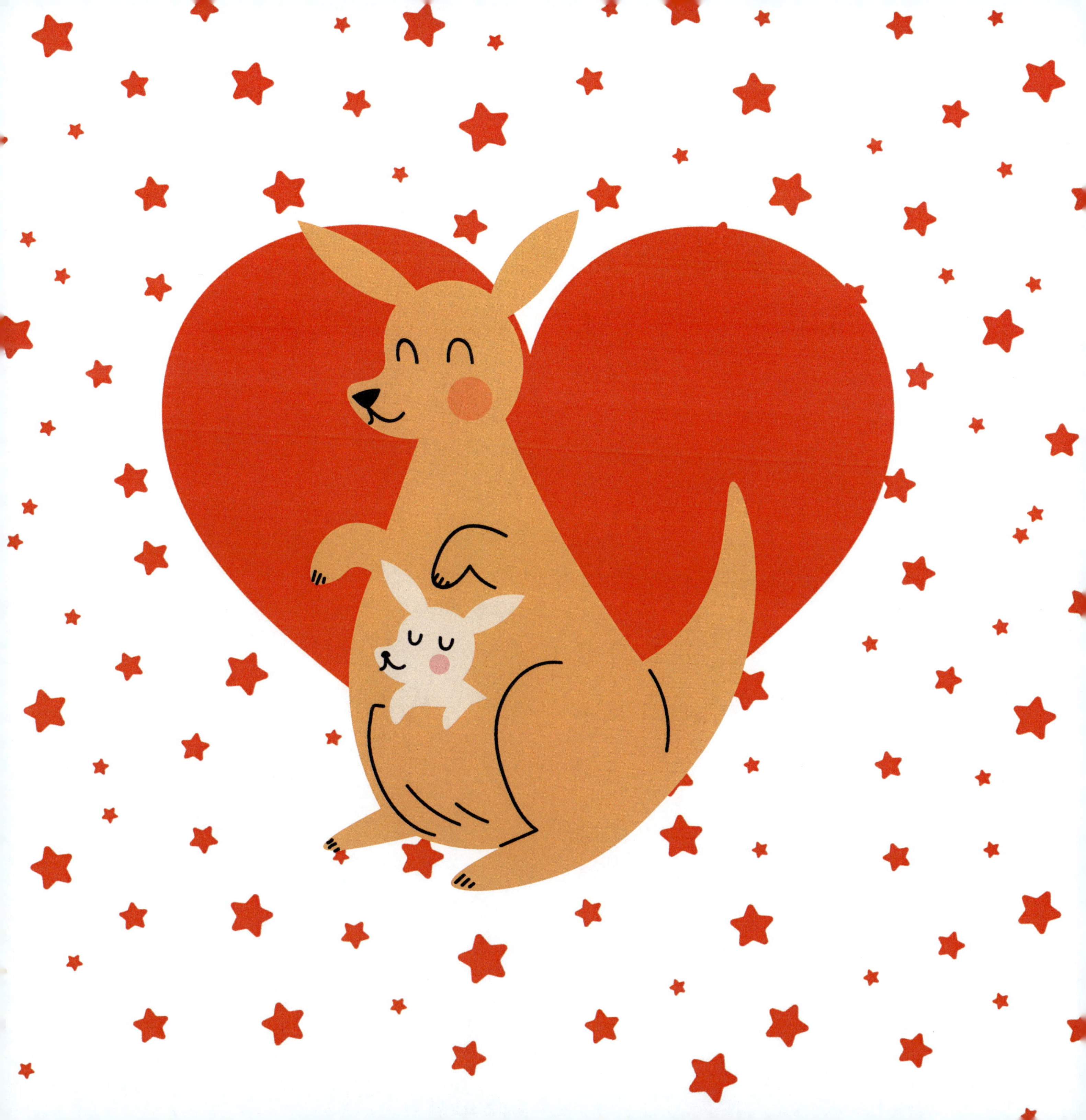

Cc

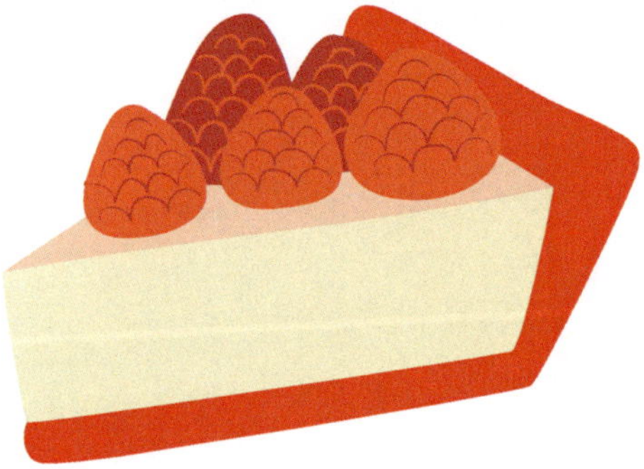

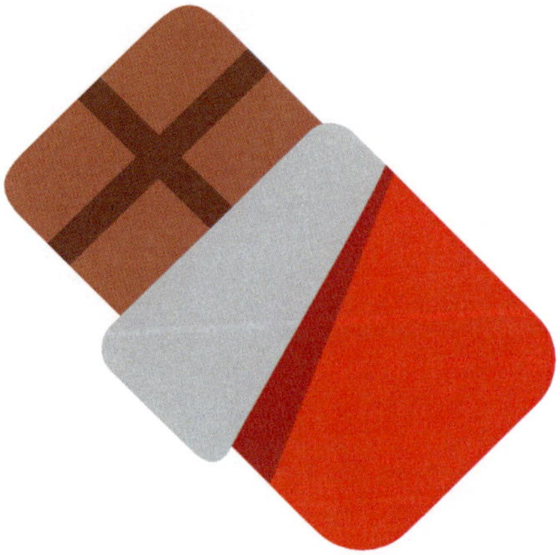

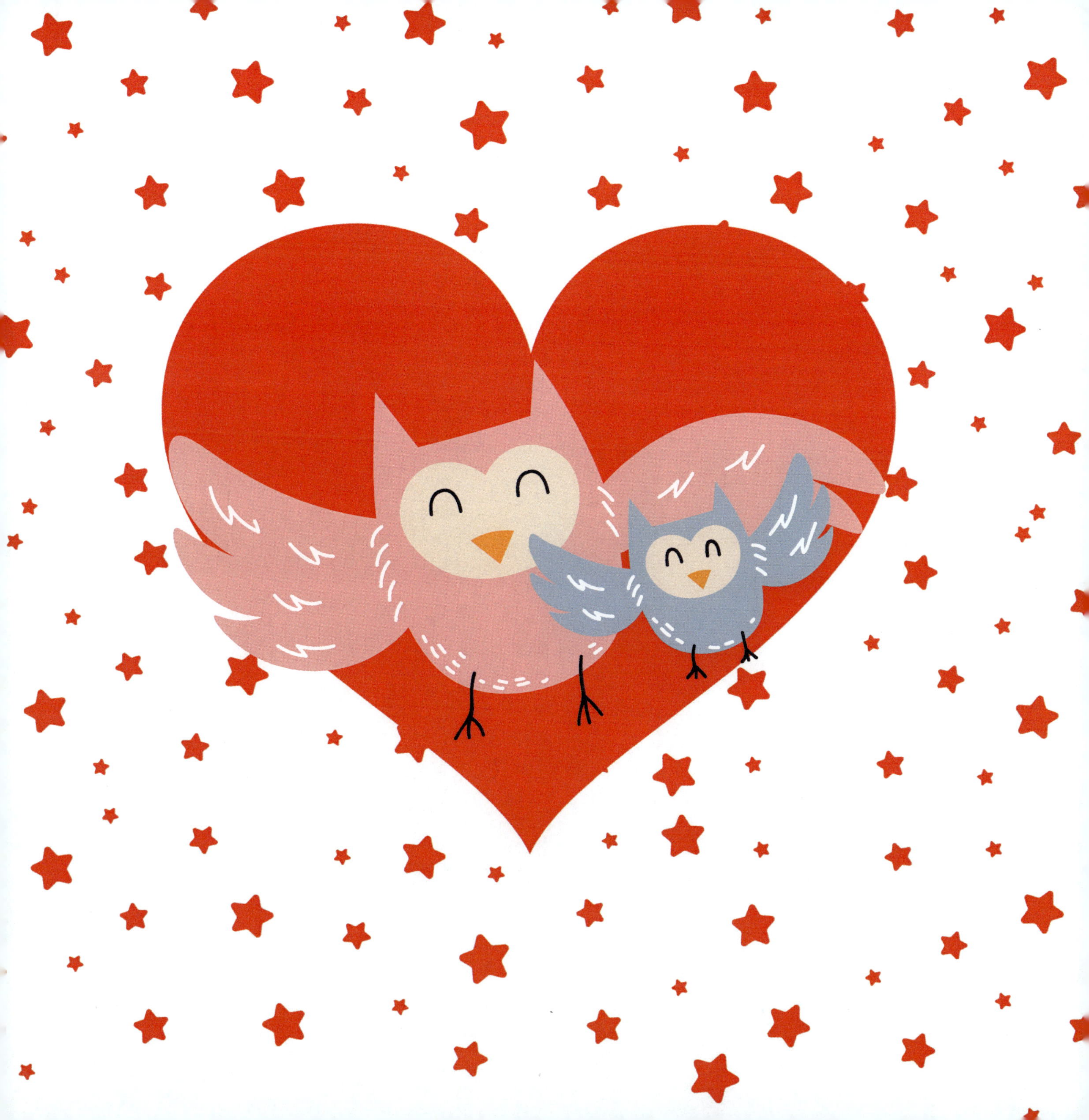

Dd

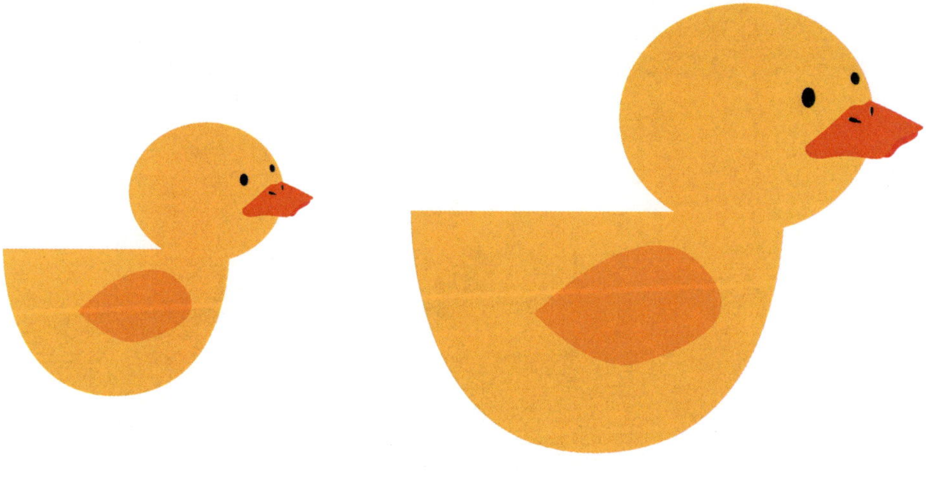

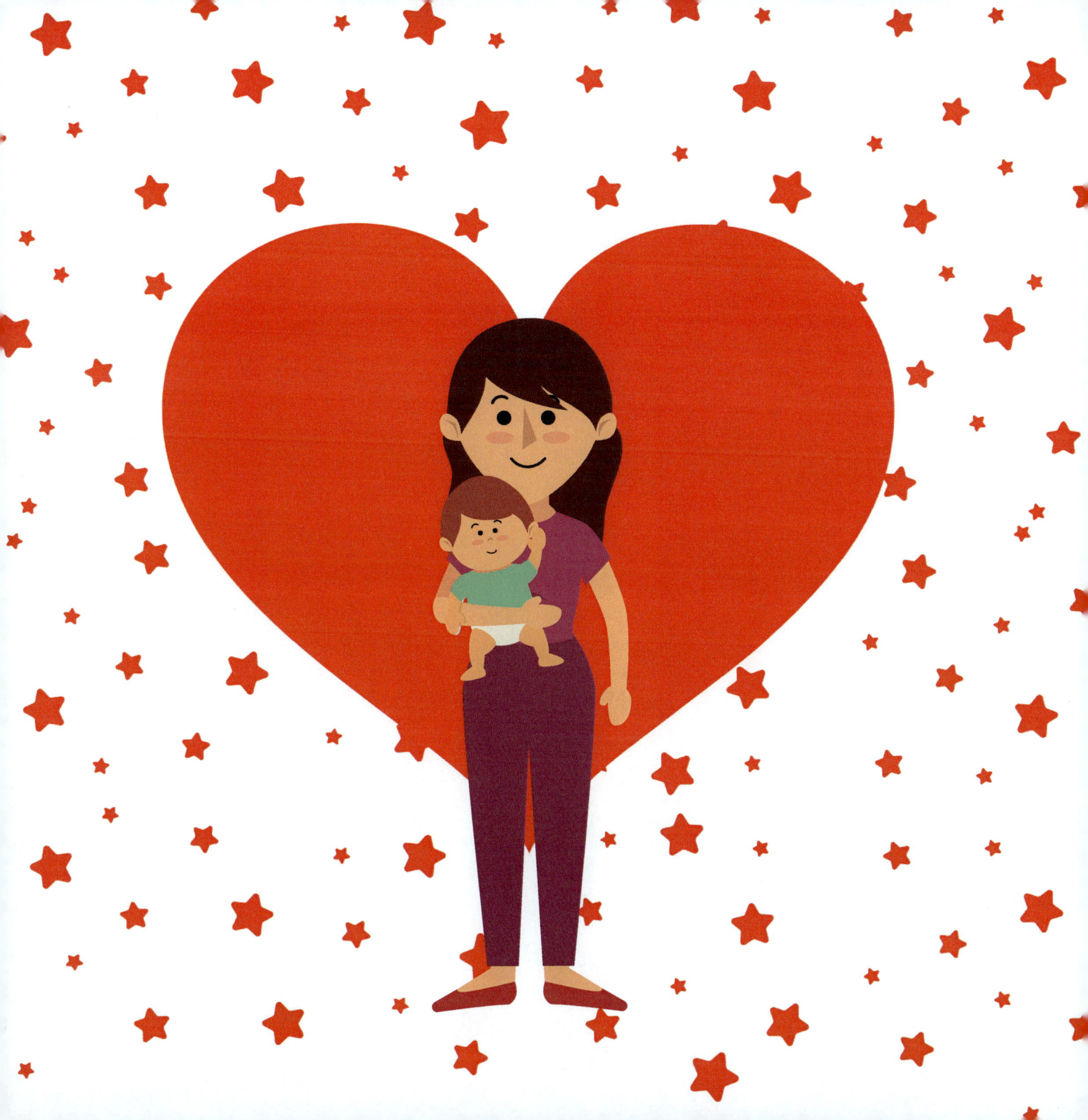

Ee

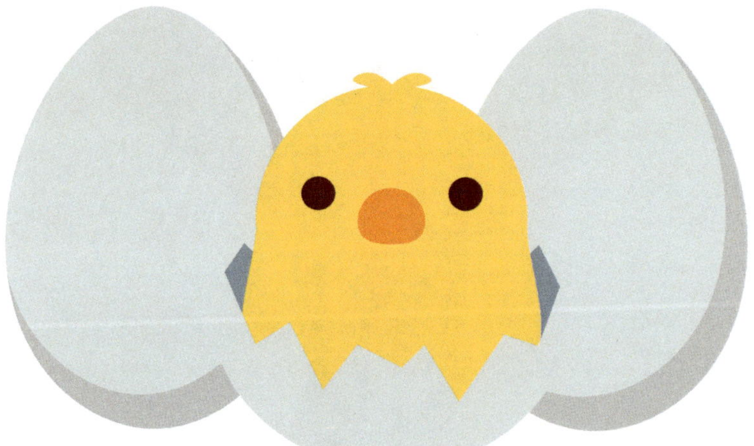

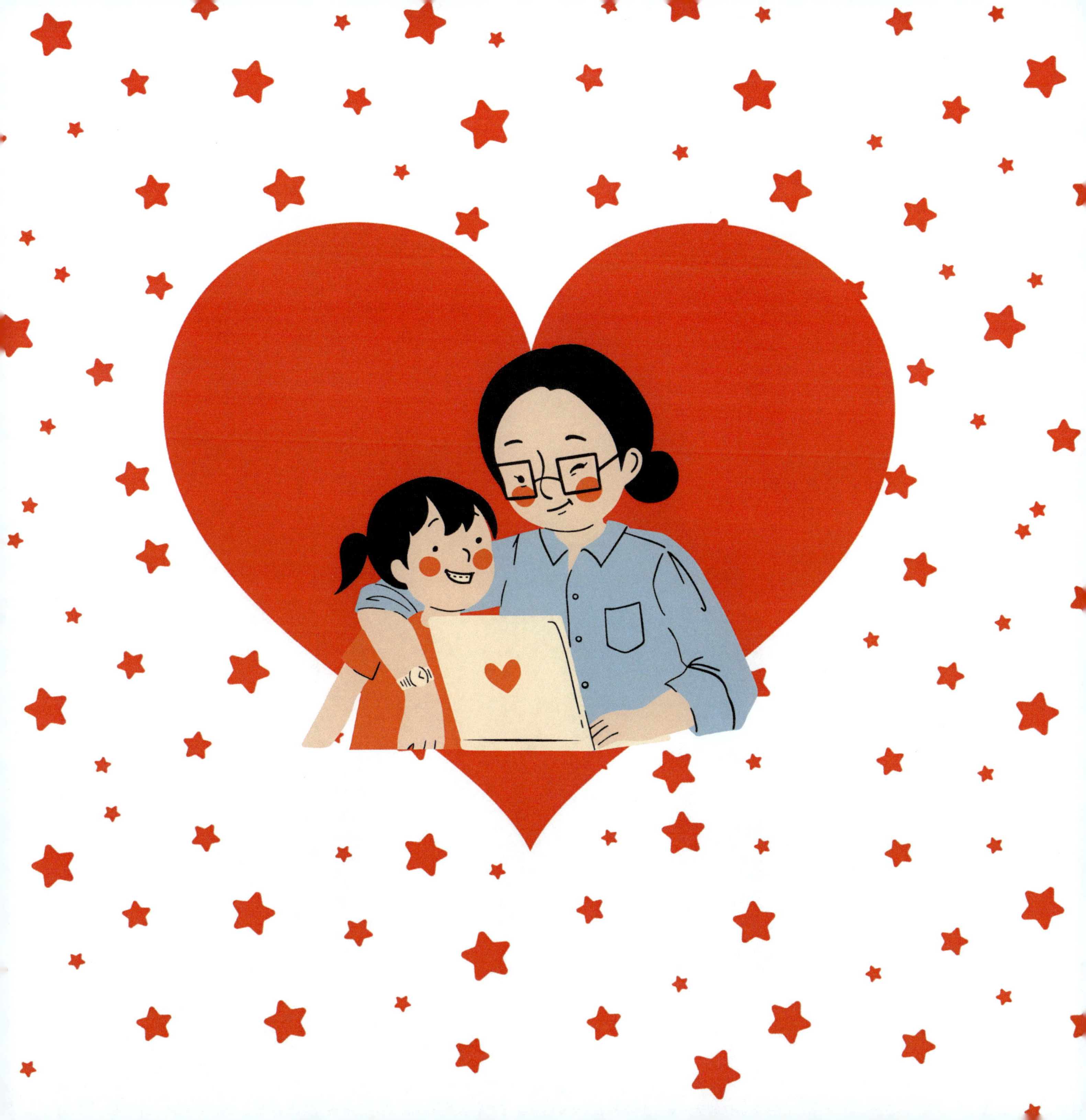

Ff

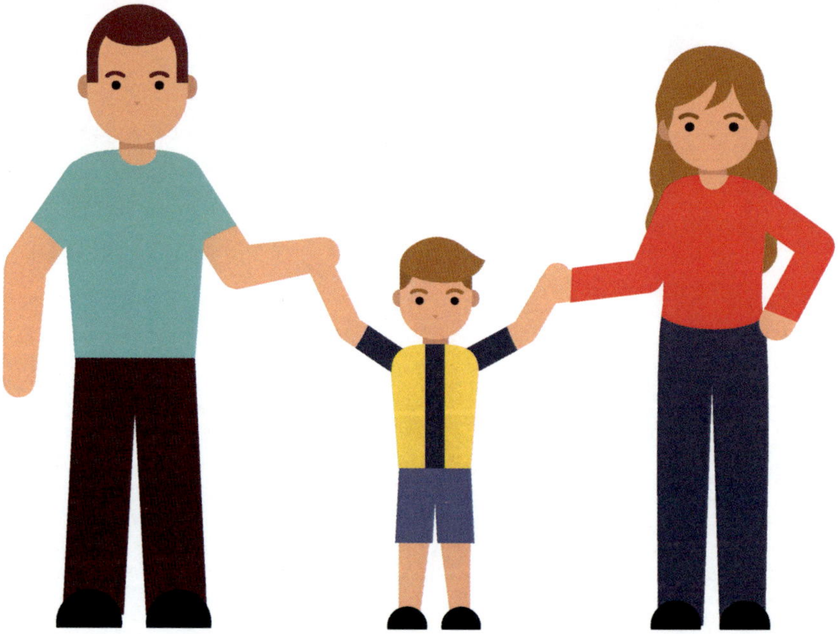

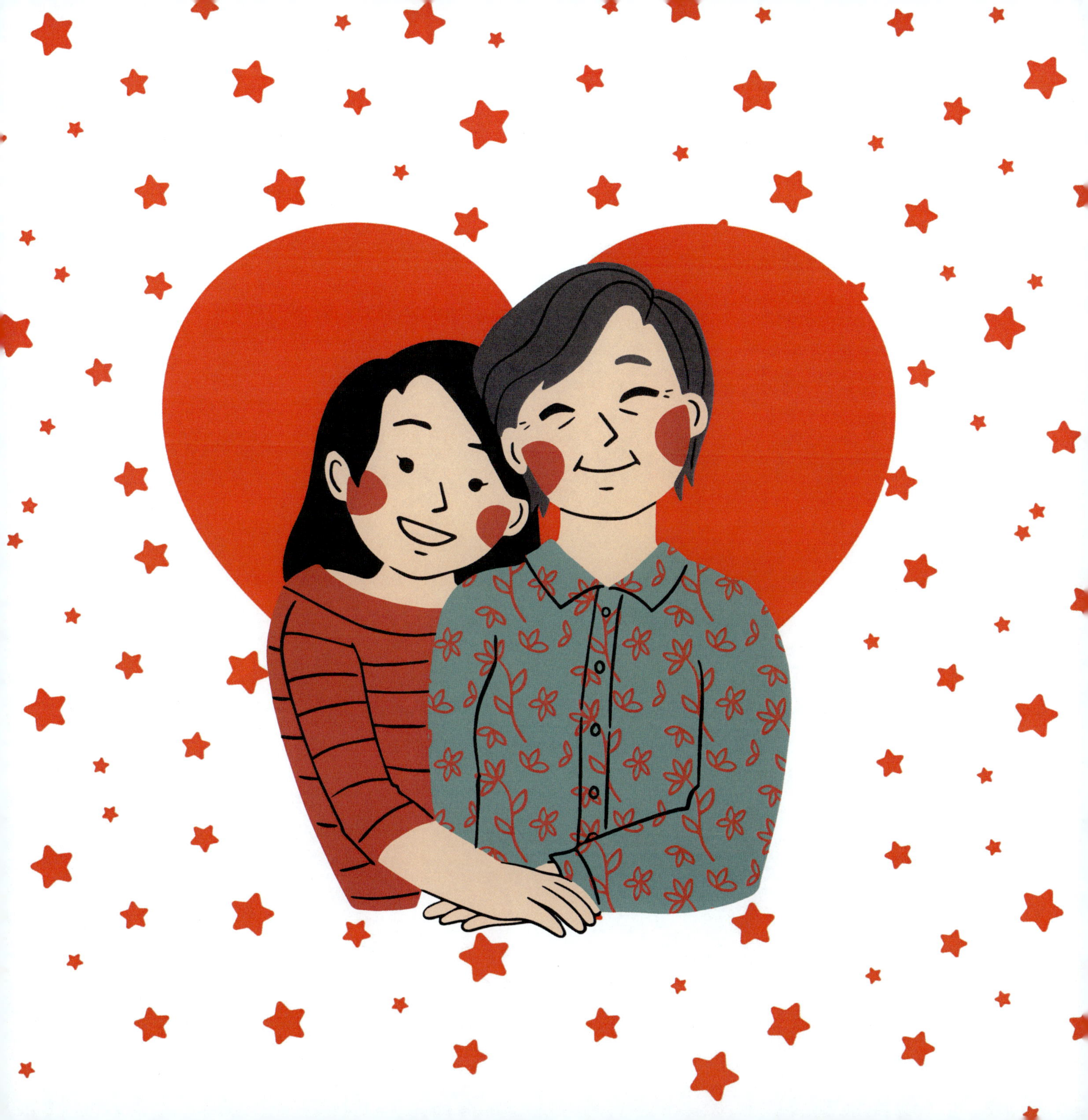

Gg

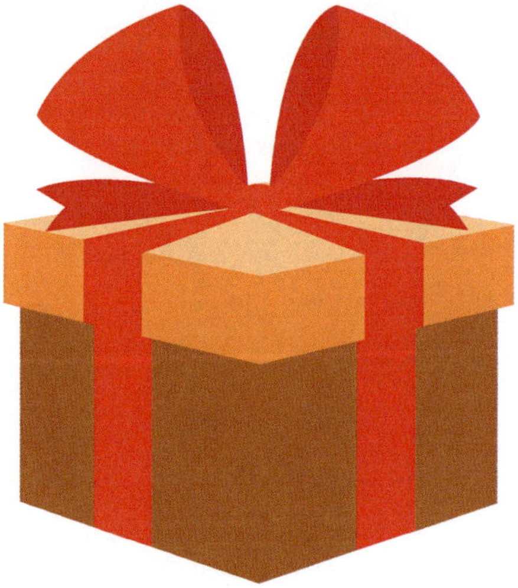

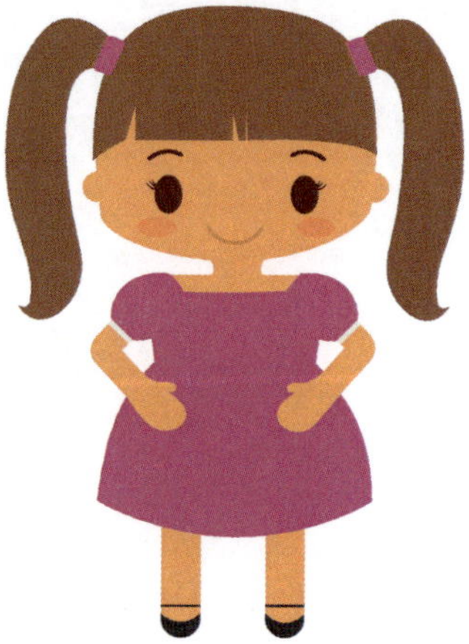

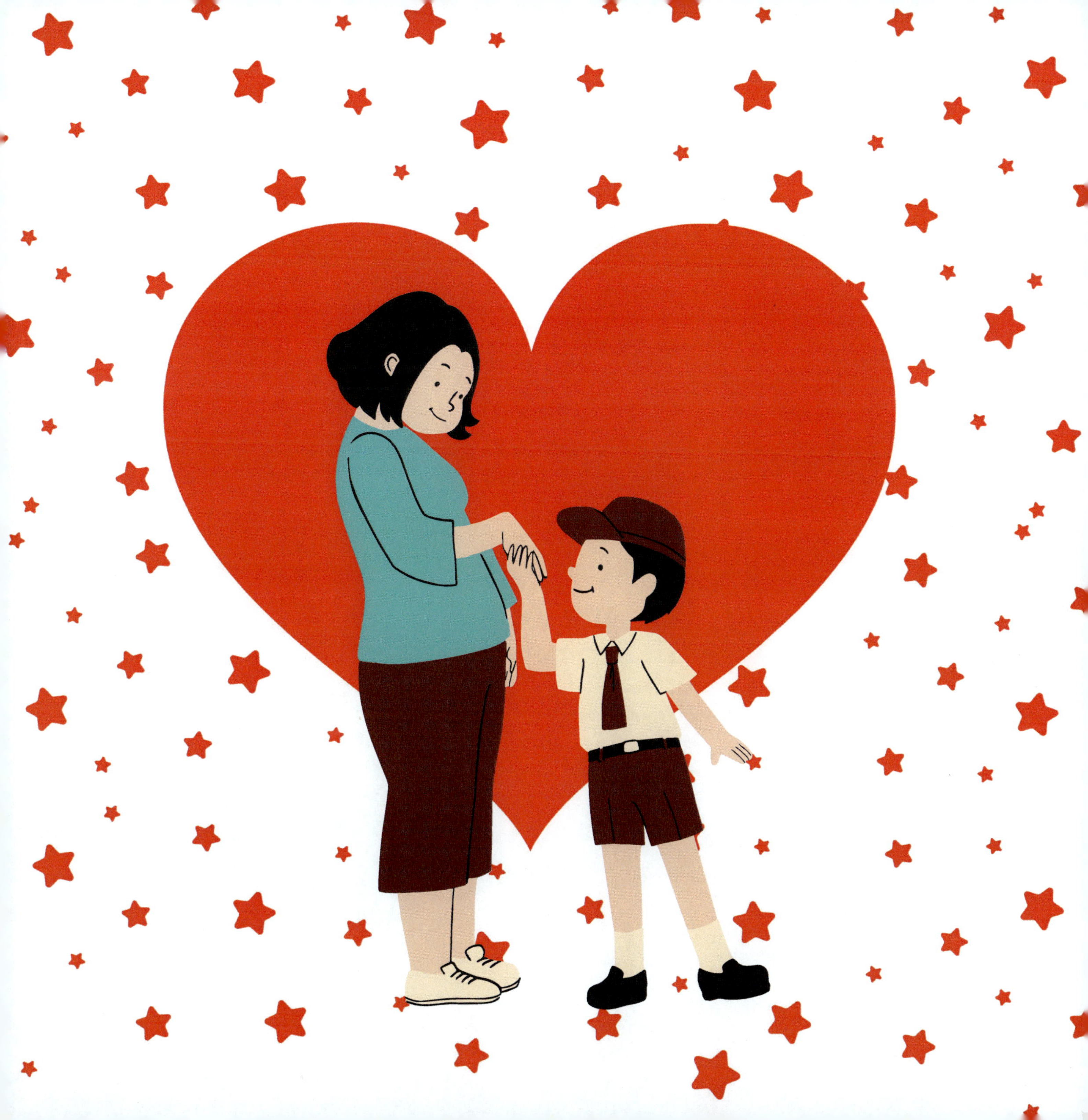

Hh

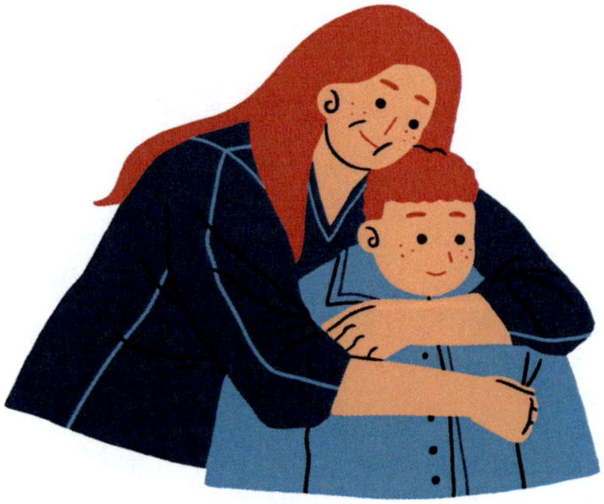

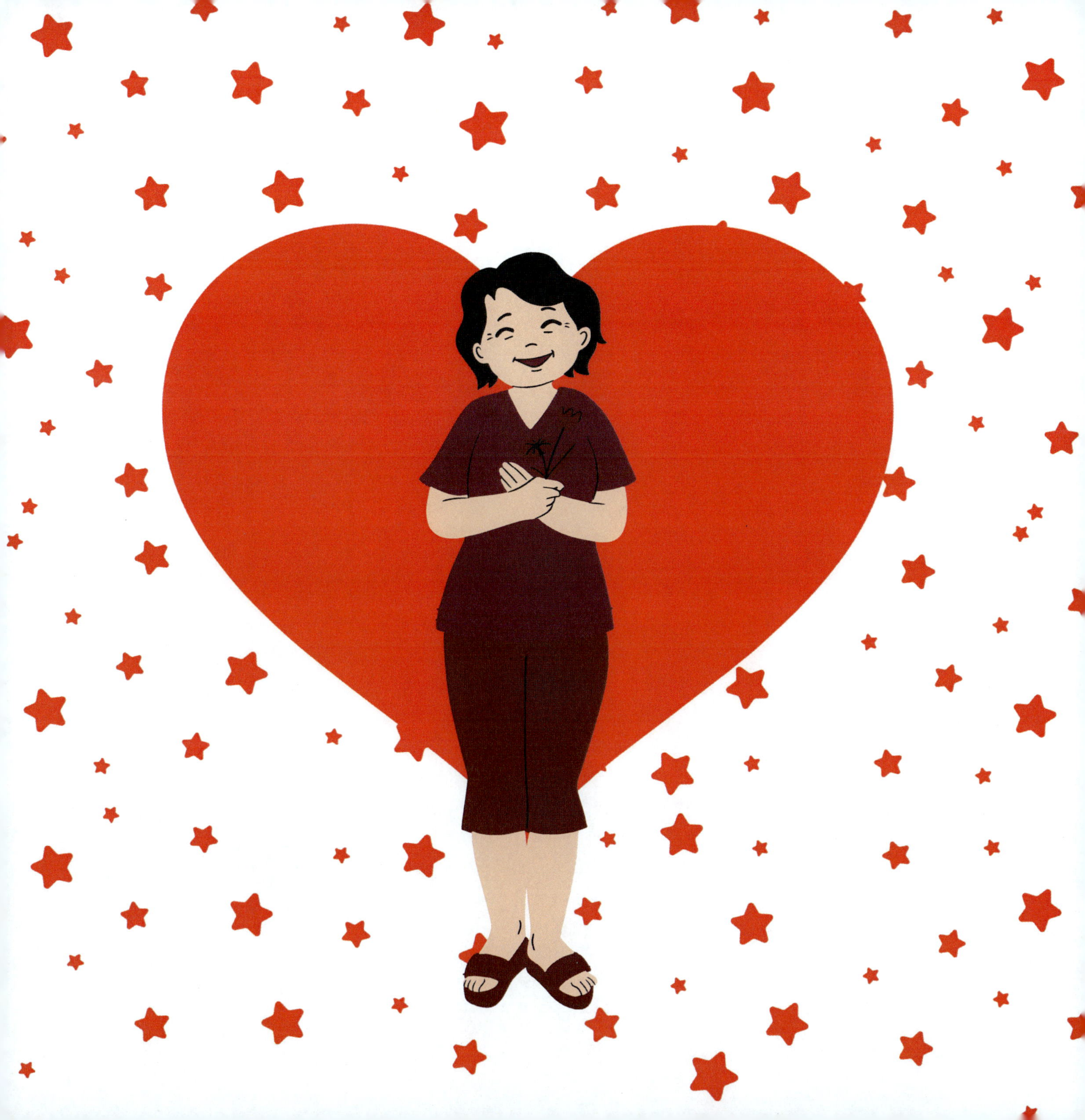

Ii

I love you

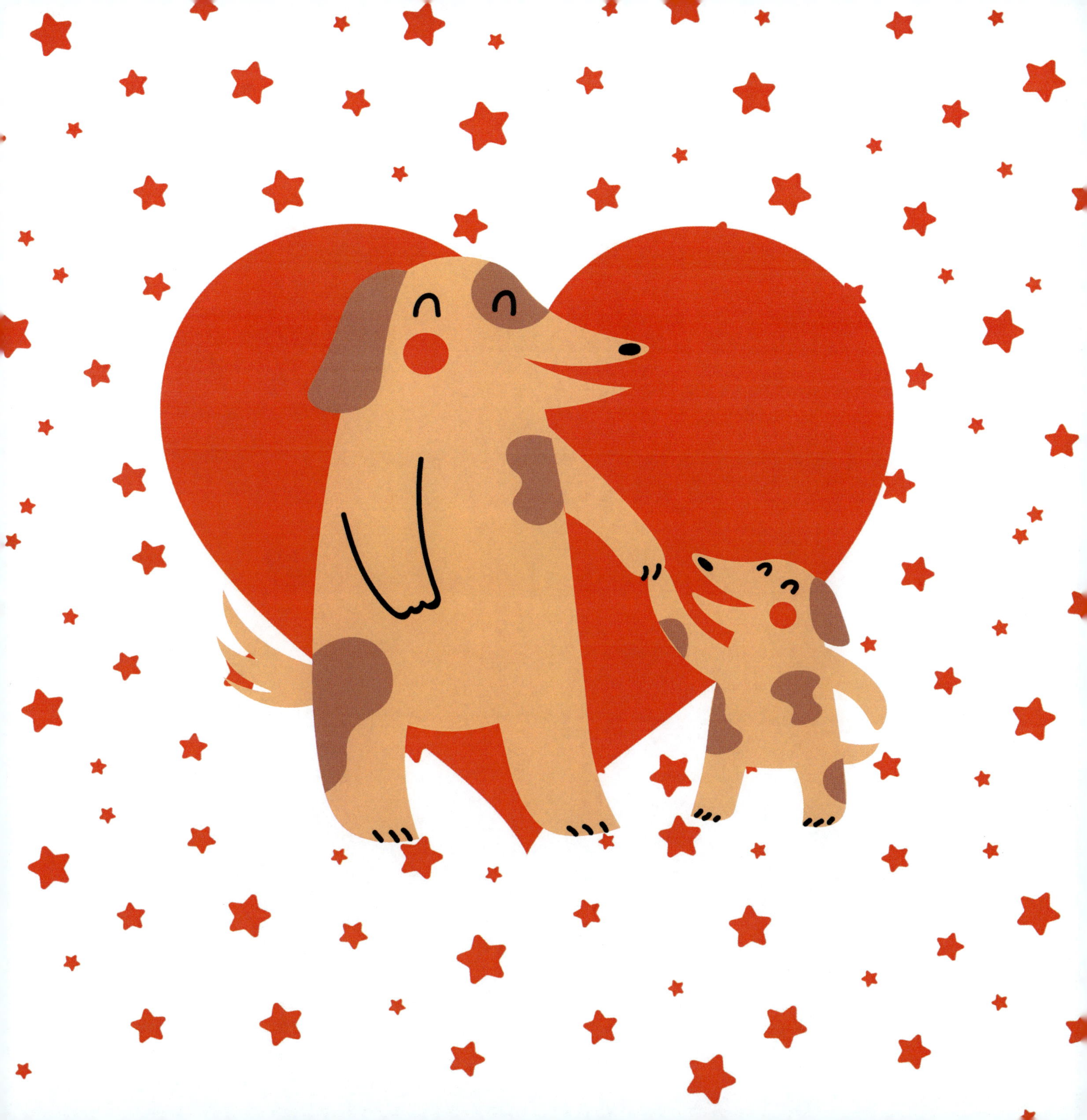

J j

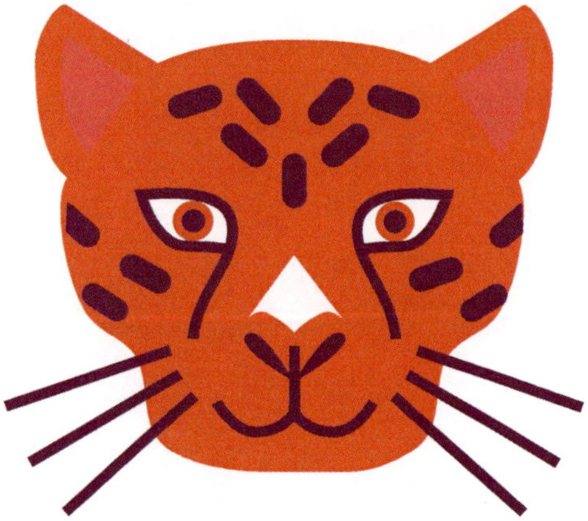

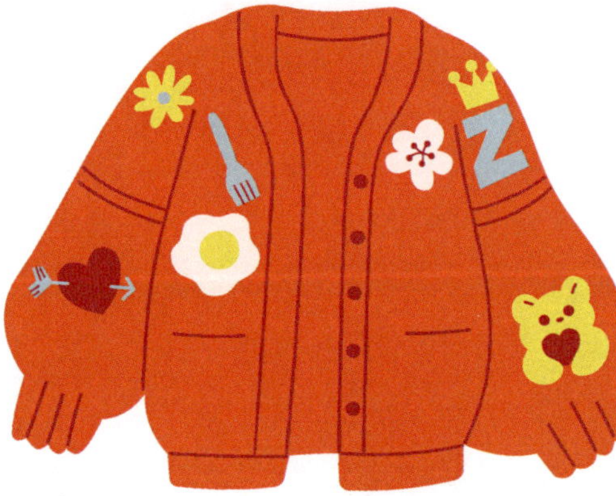

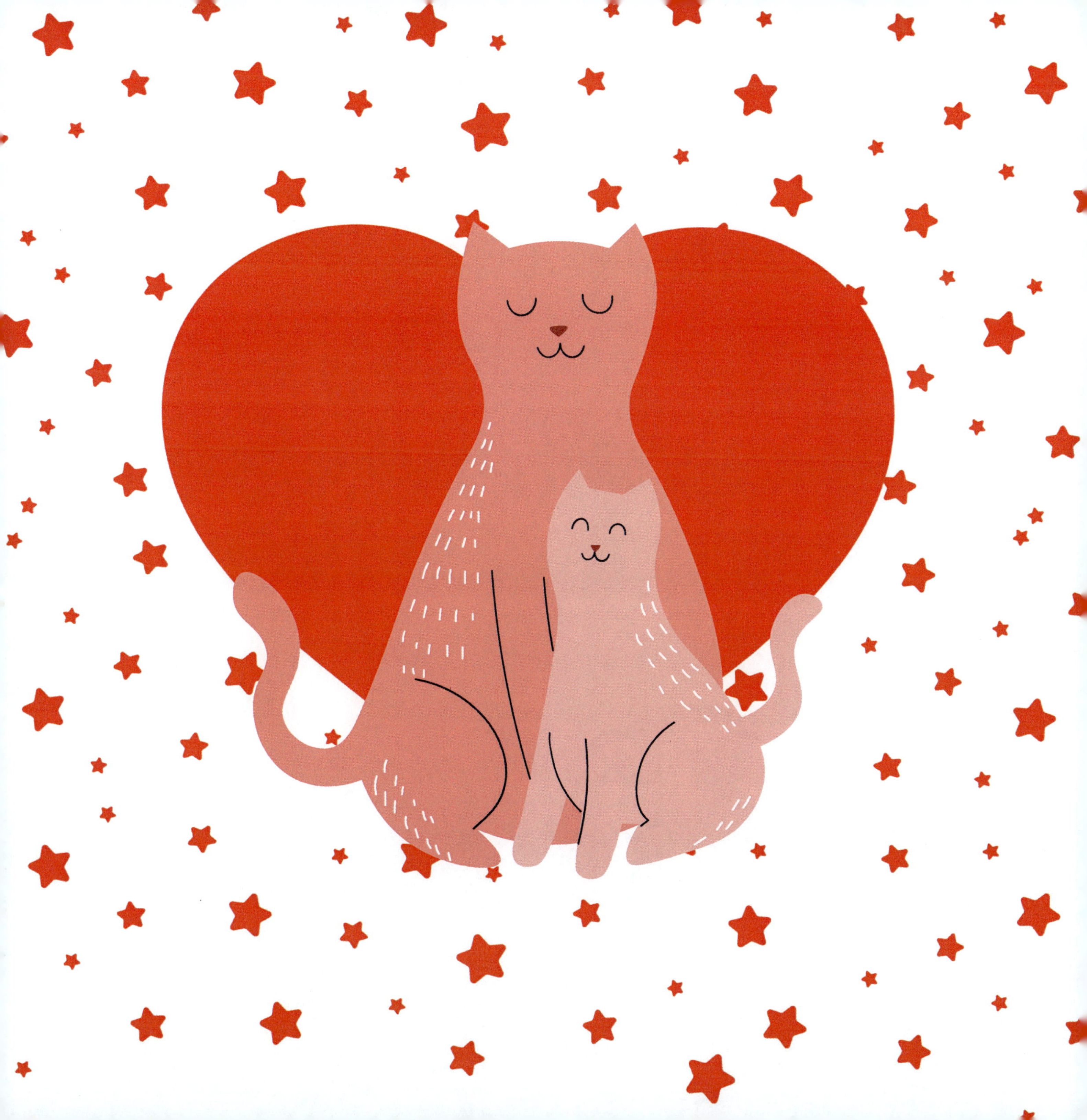

Kk

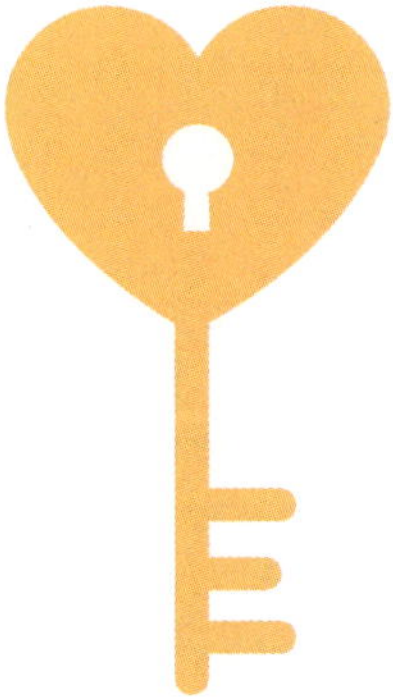

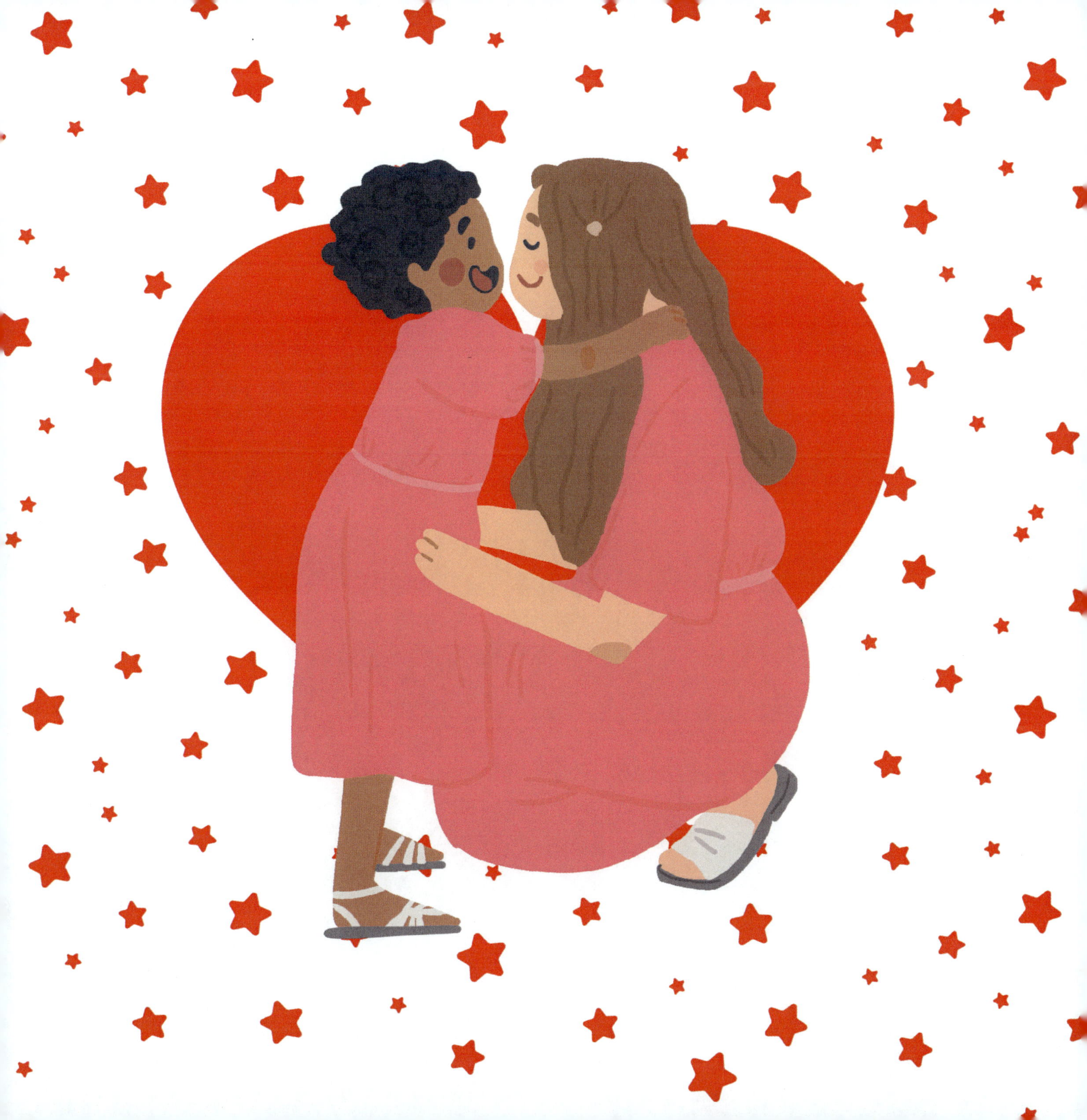

Ll

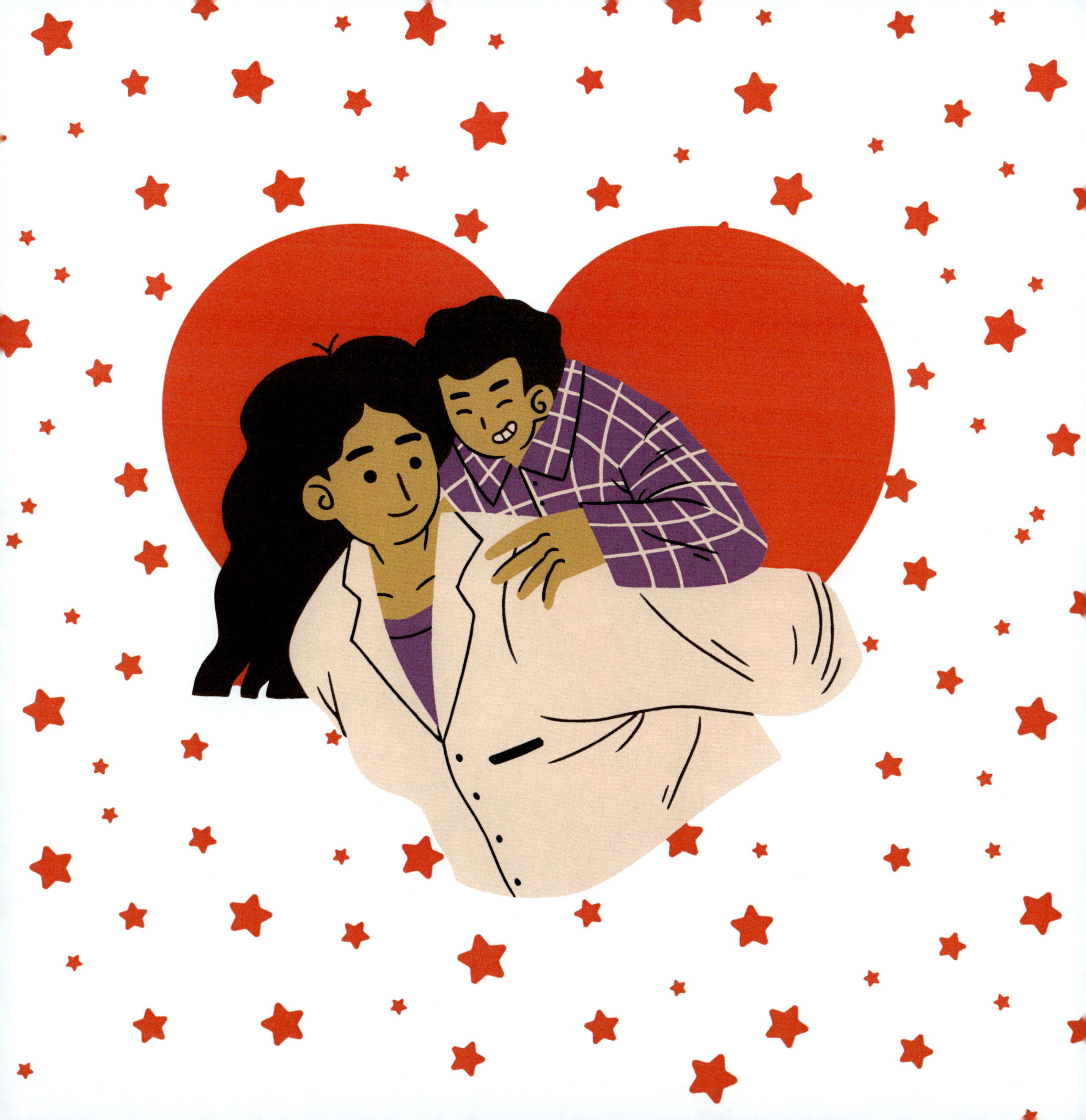

Mm

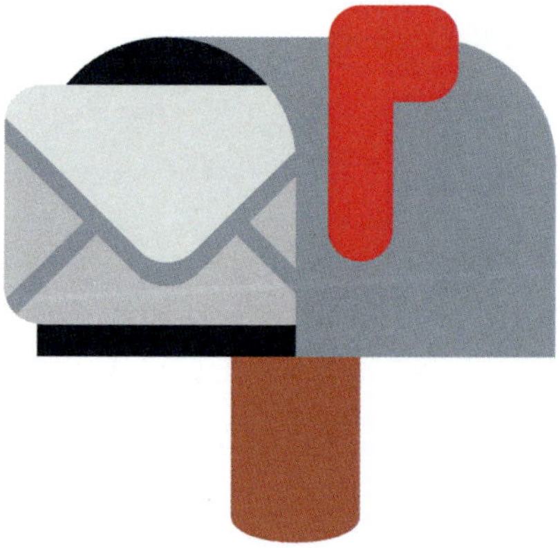

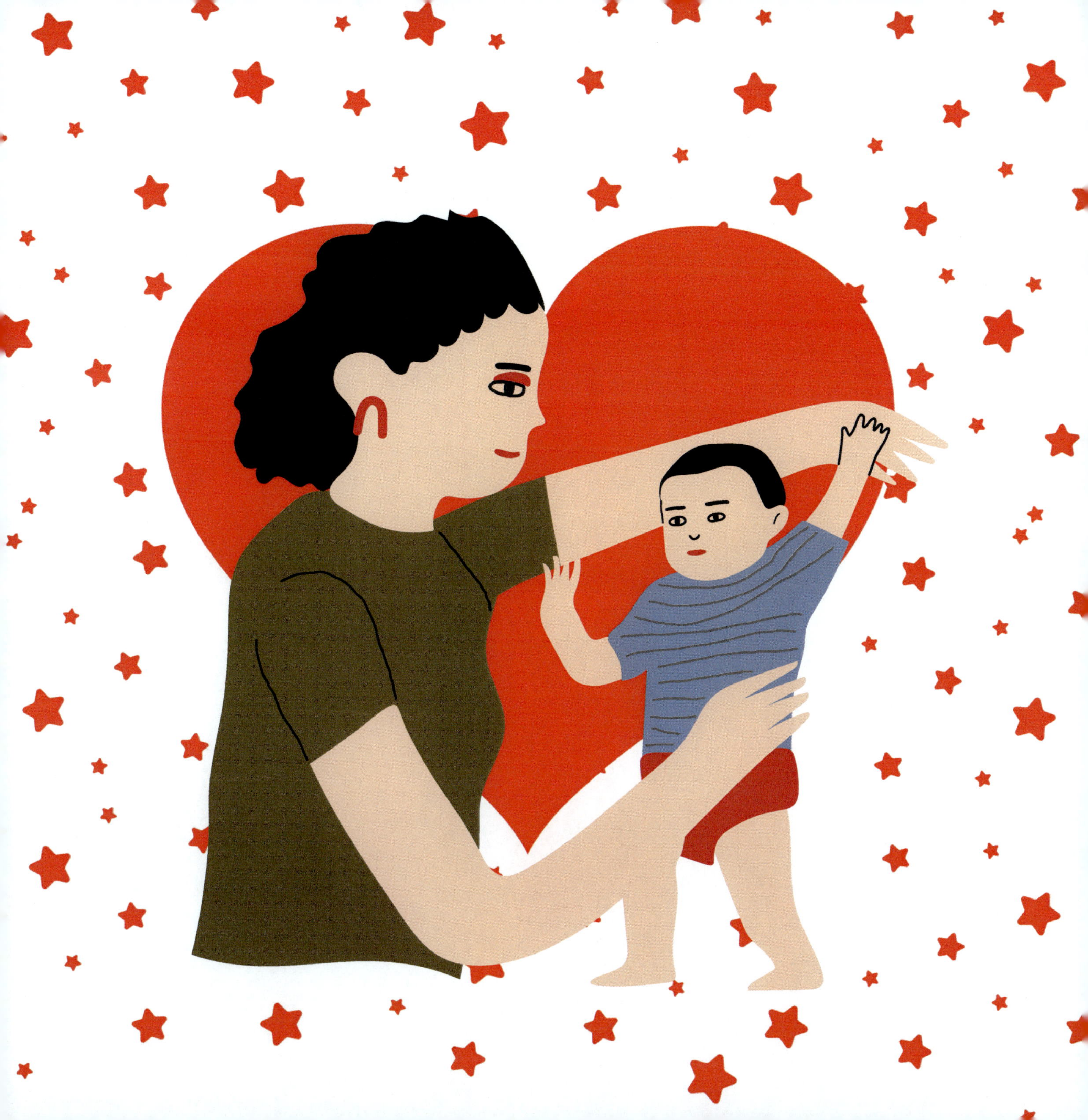

Nn

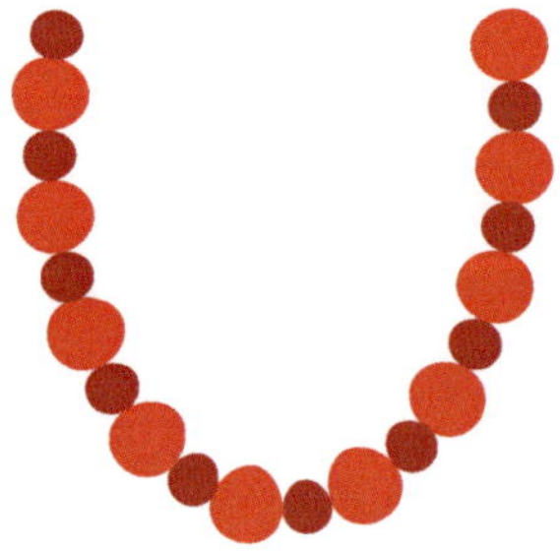

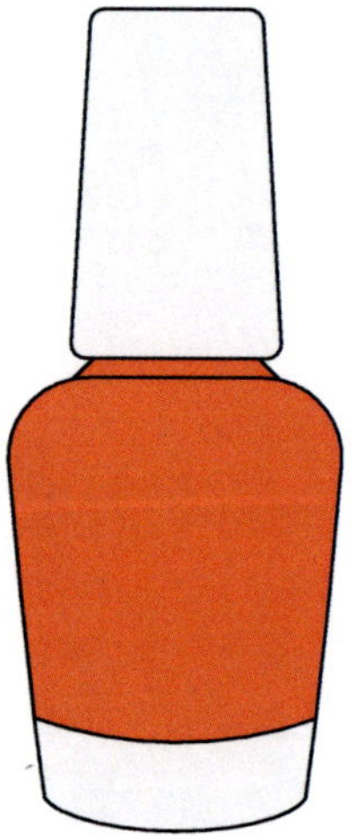

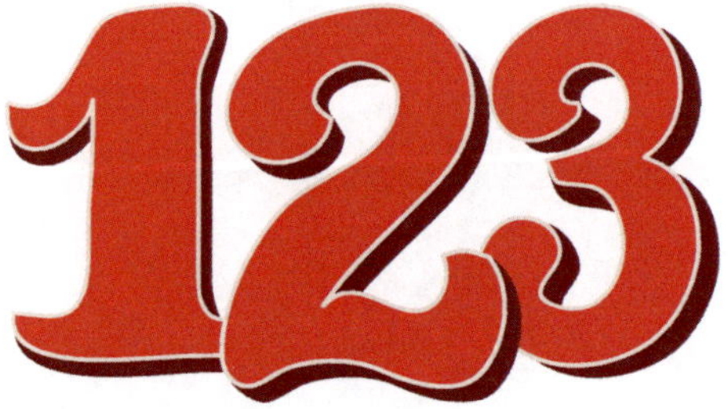

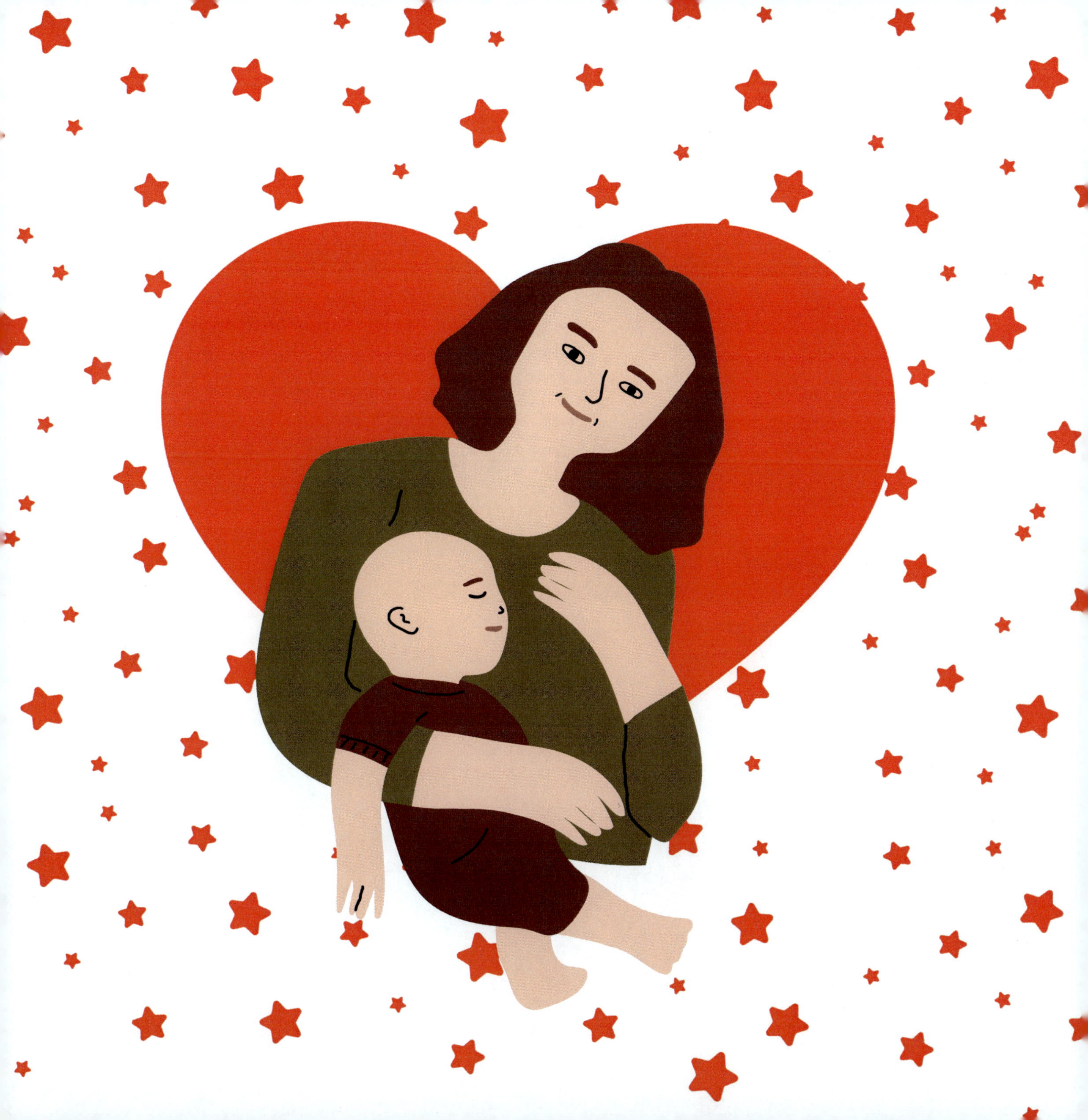

O o

 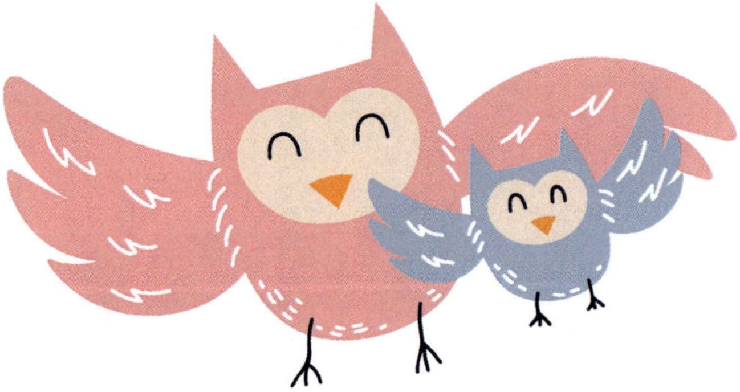

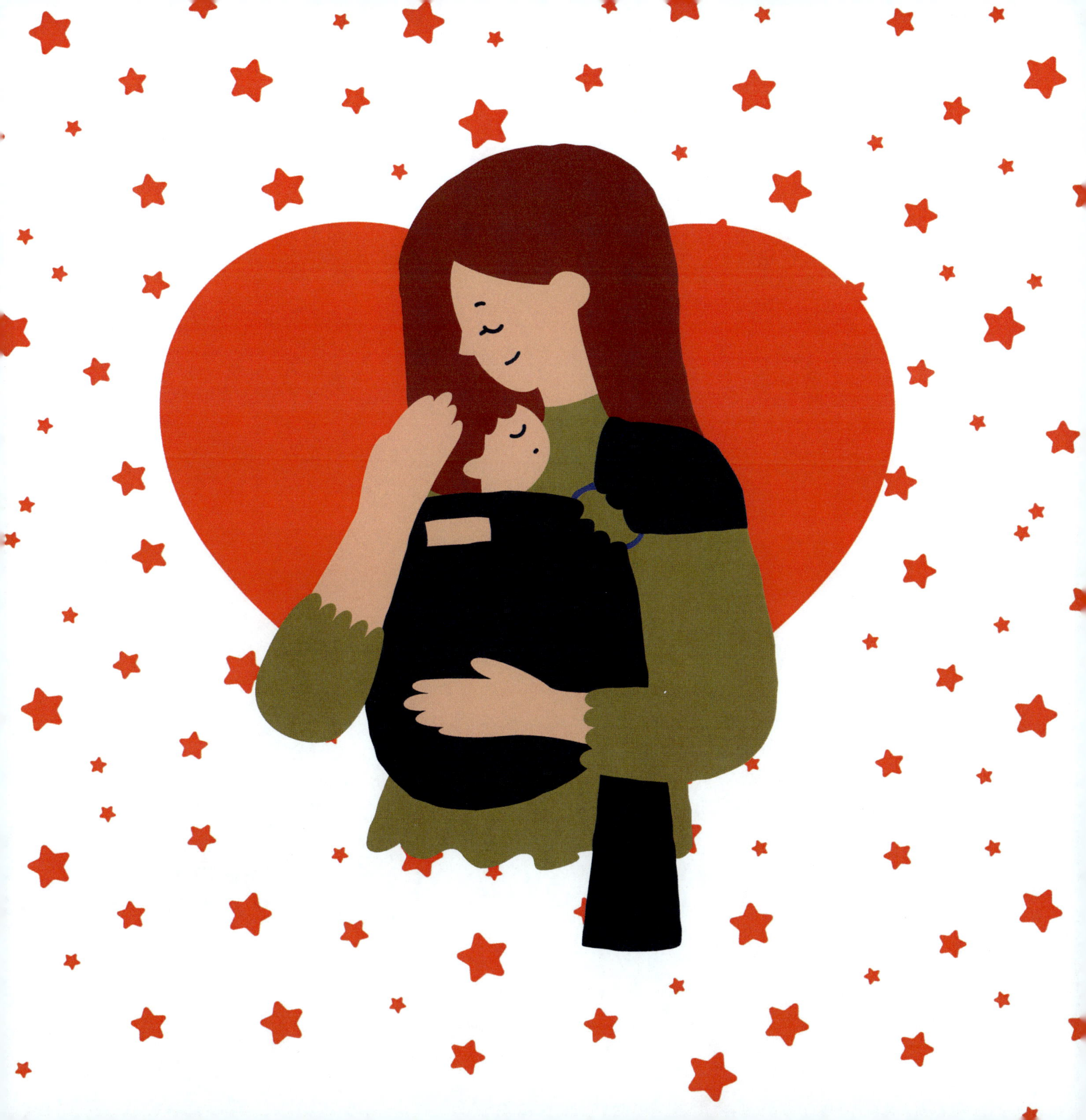

Pp

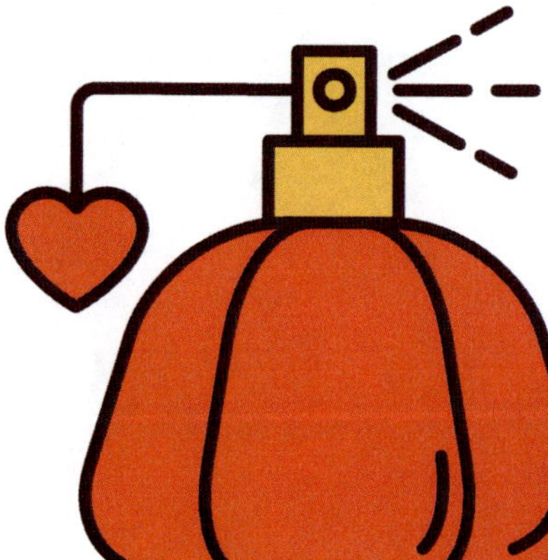

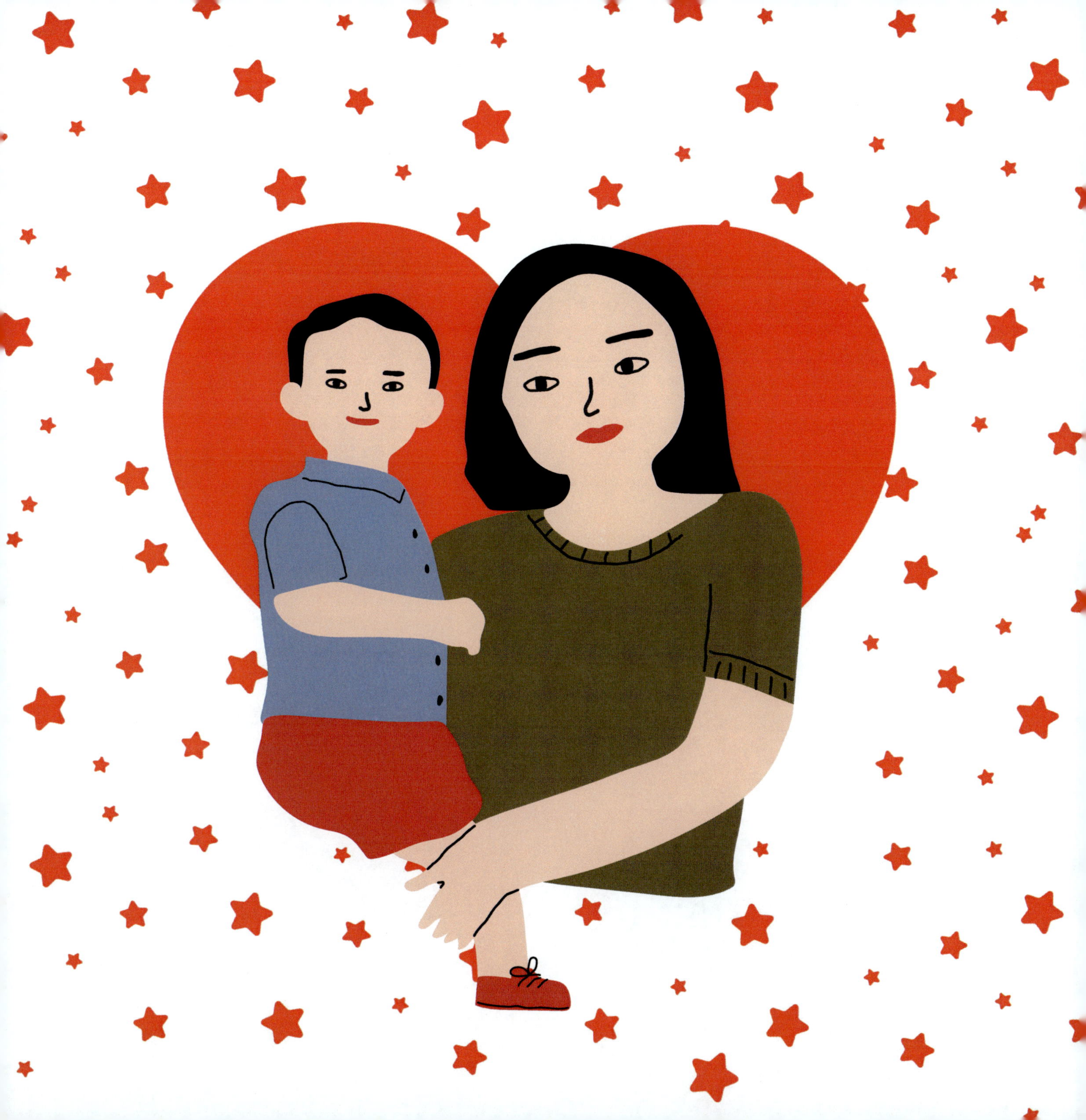

Qq

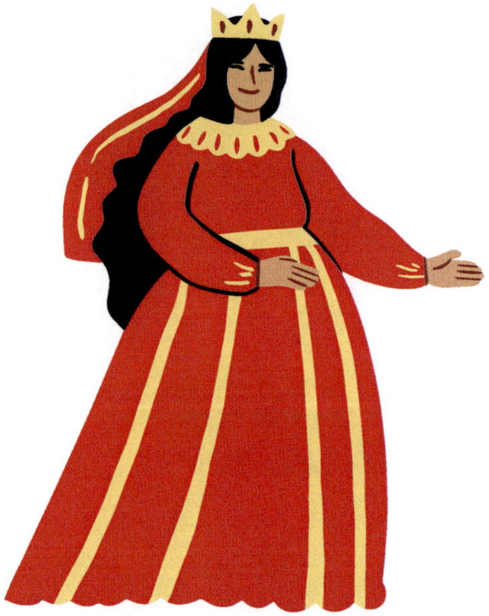

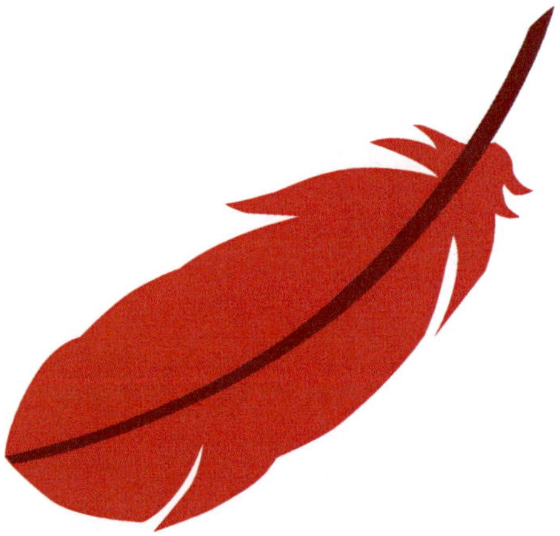

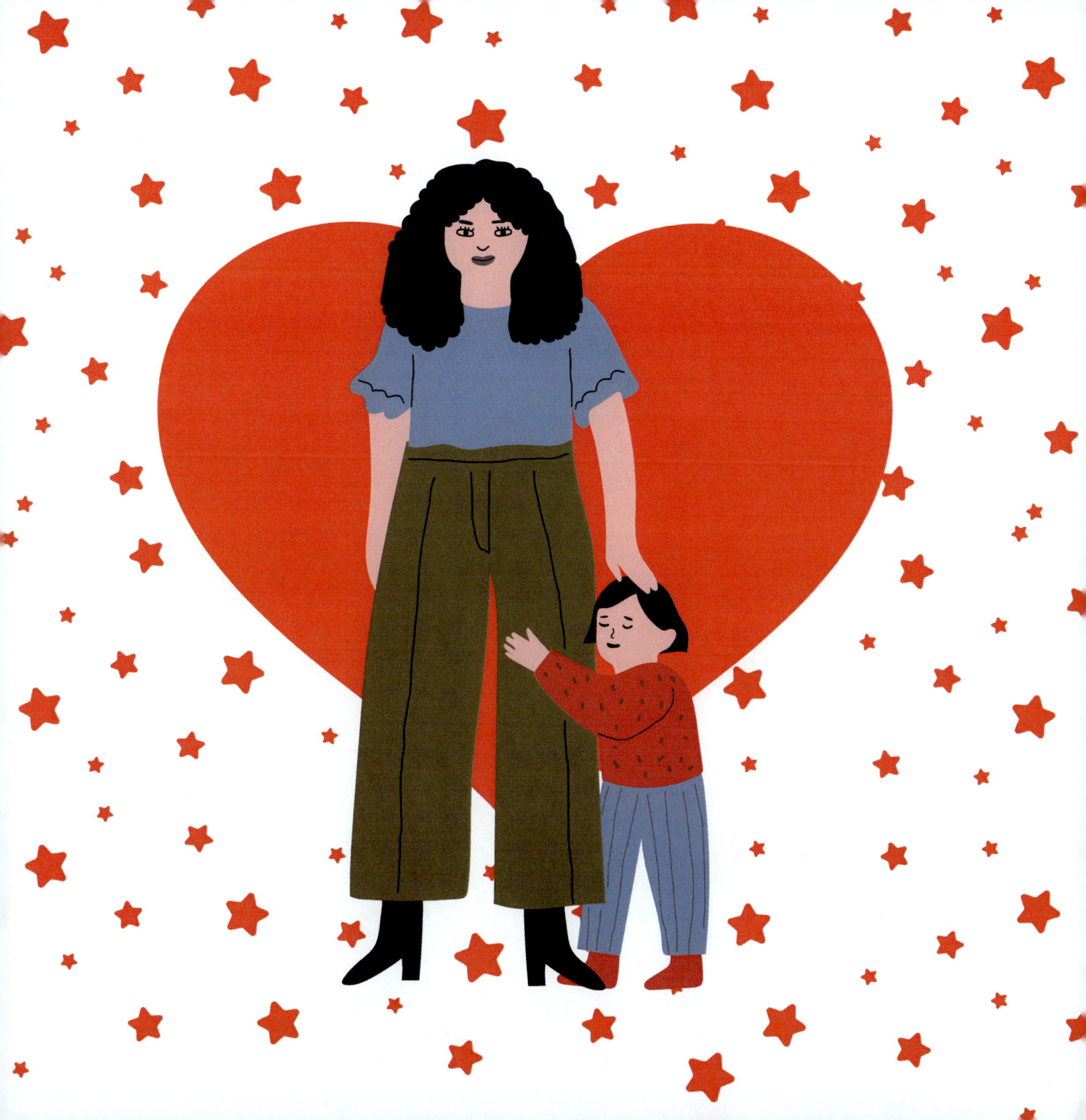

Rr

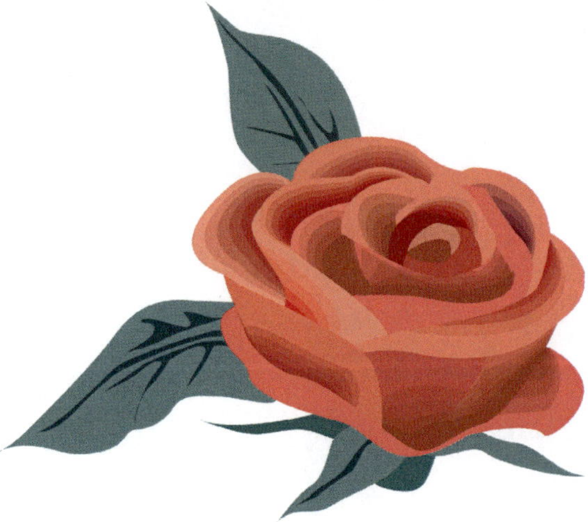
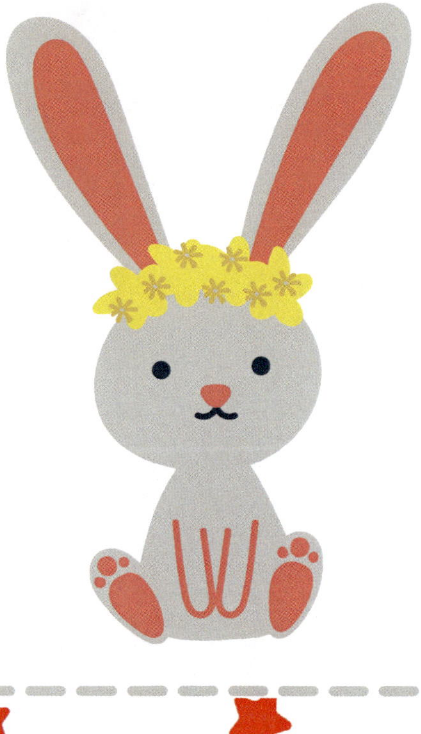

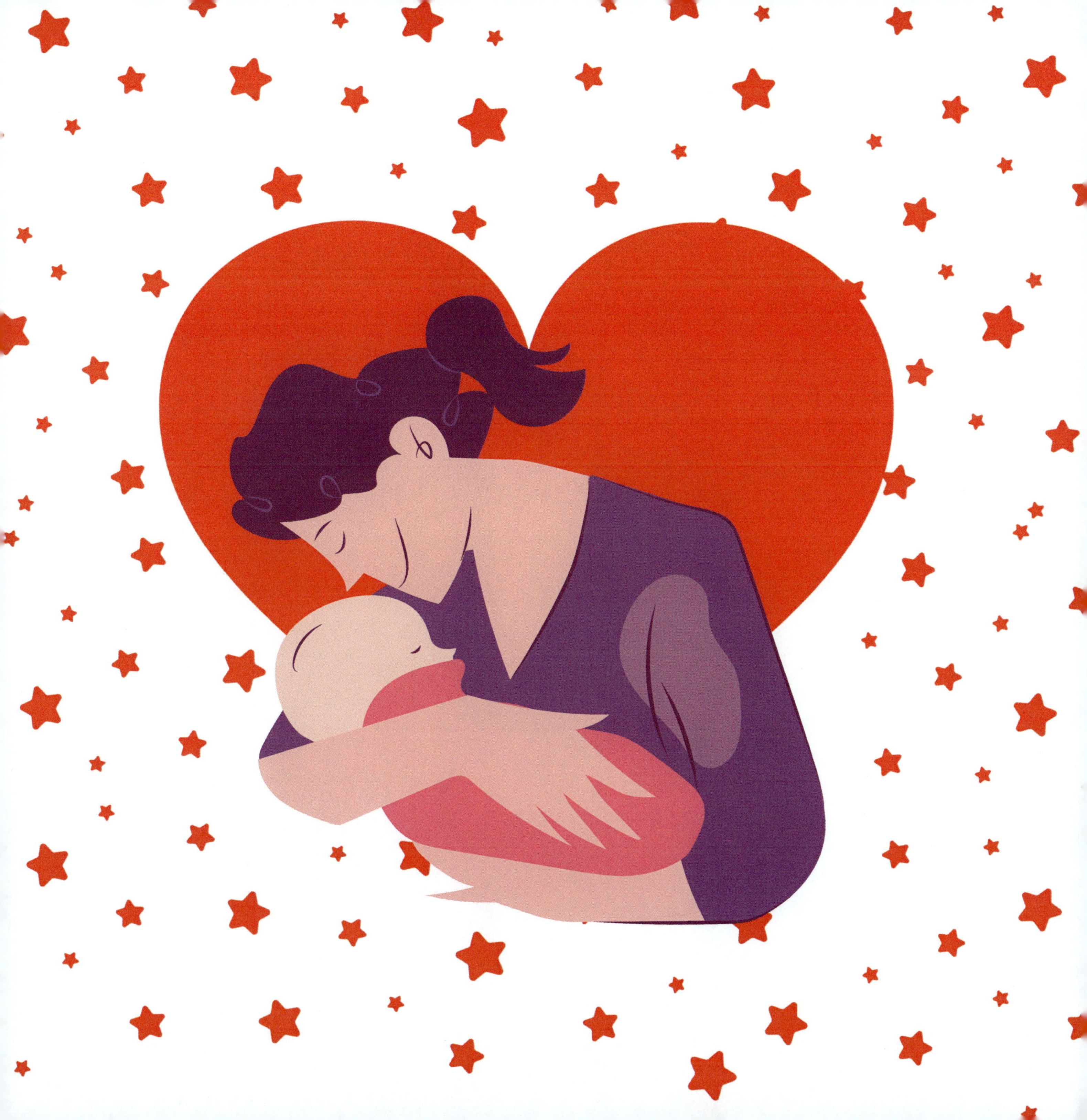

Ss

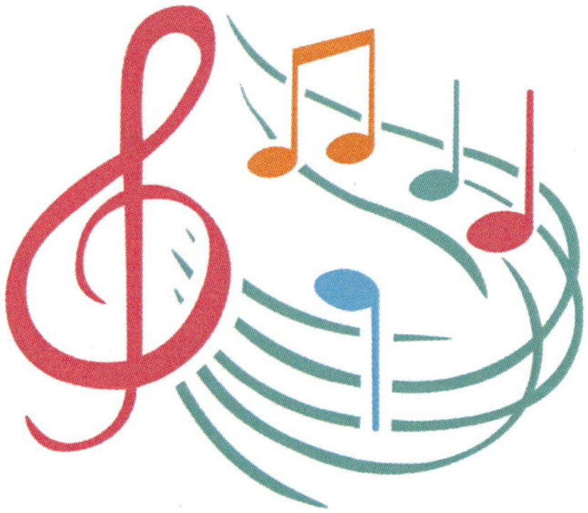

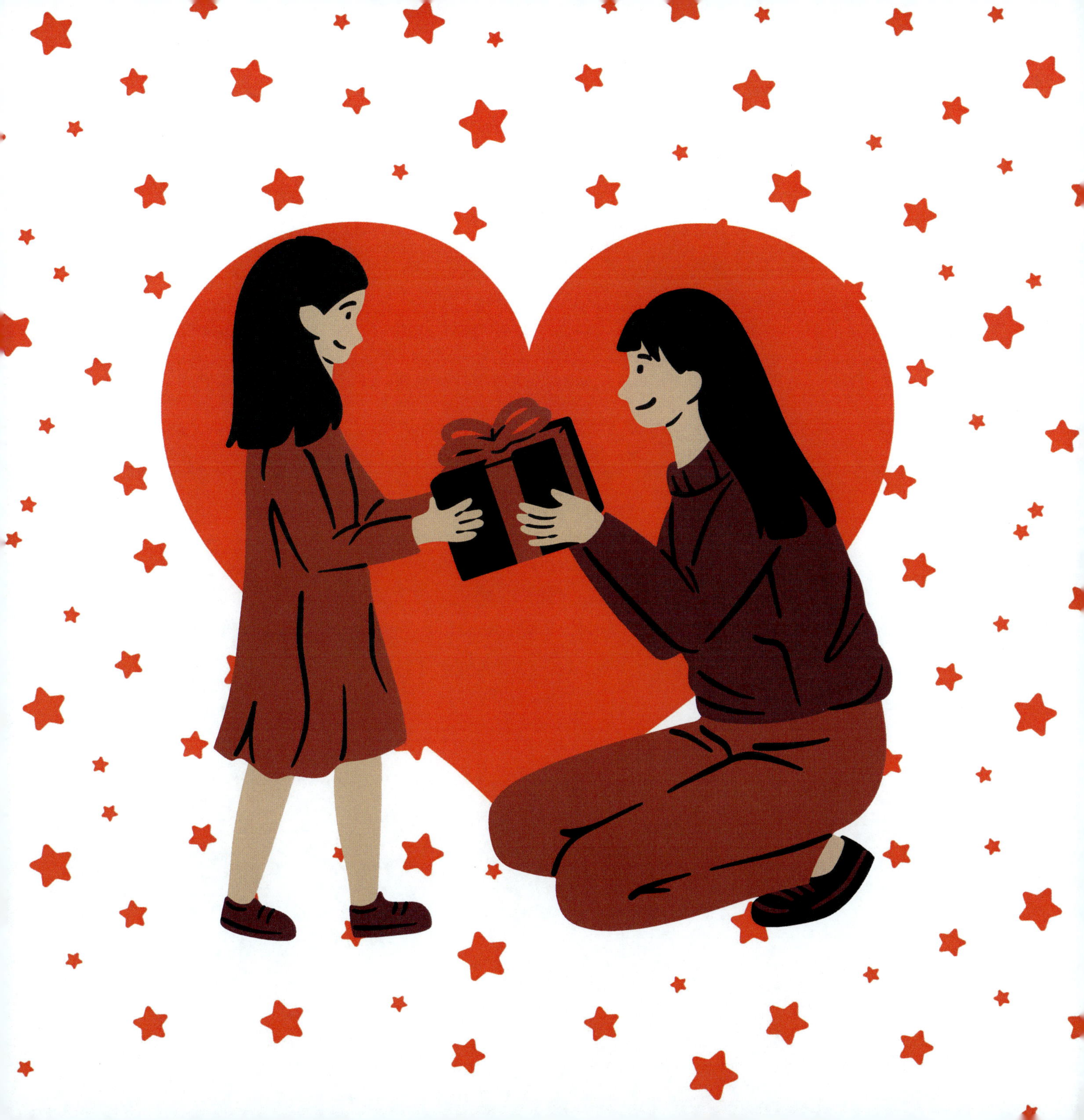

Tt

 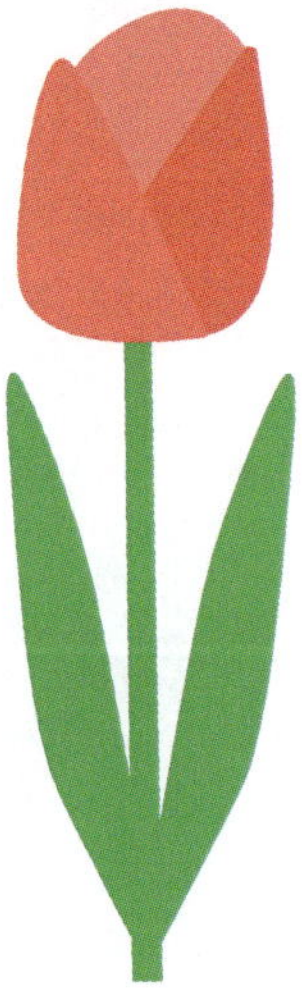 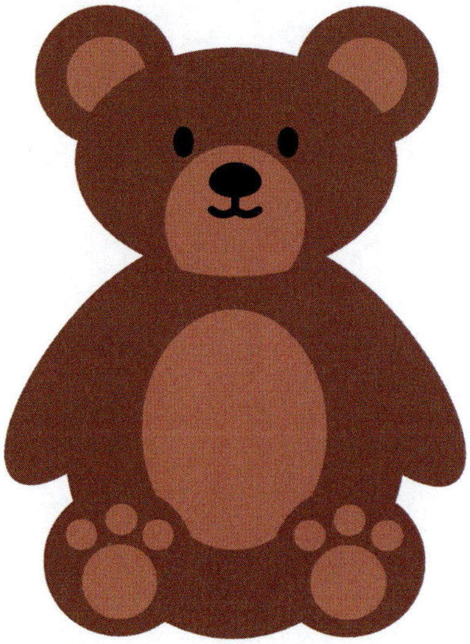

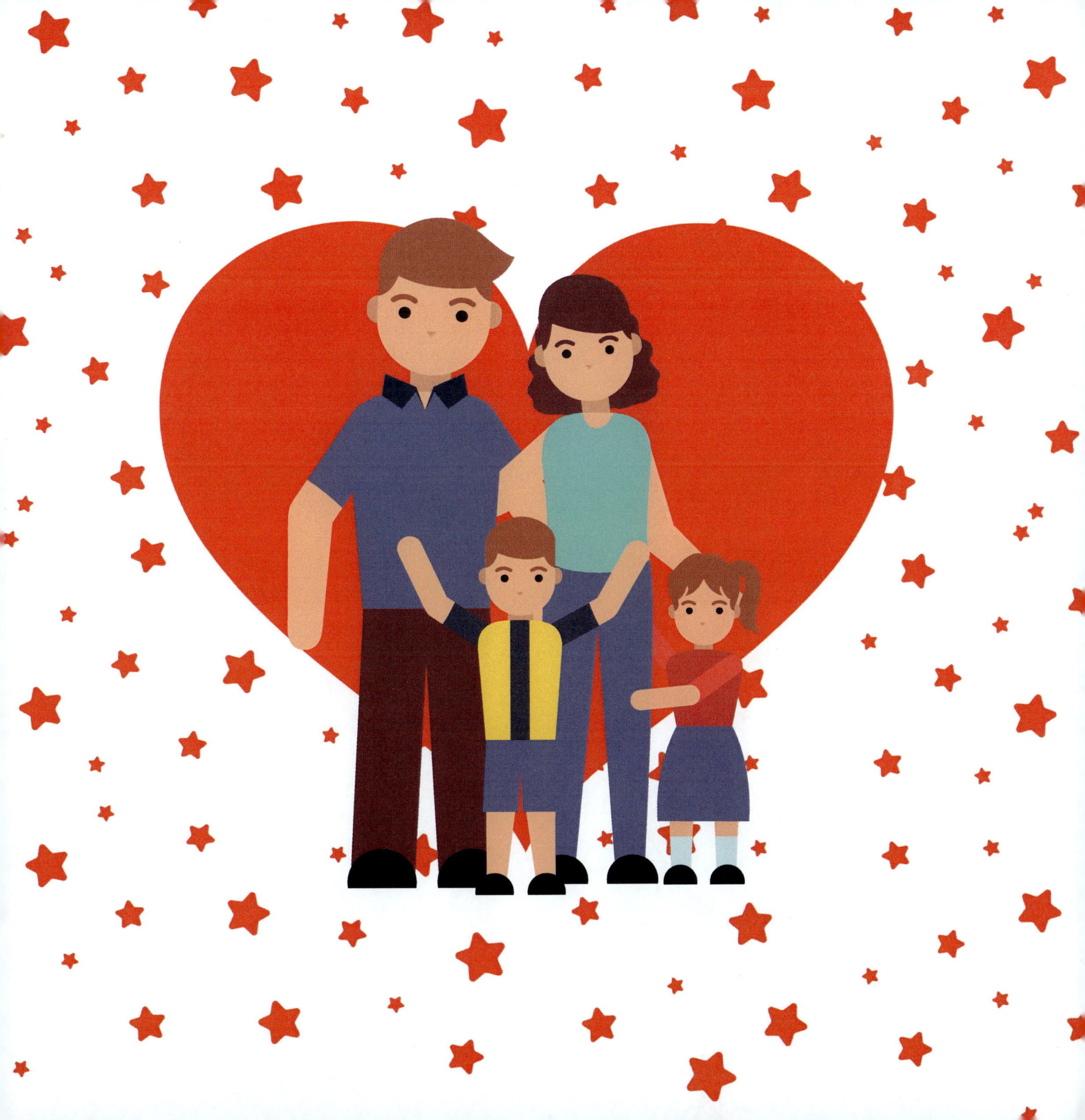

Uu

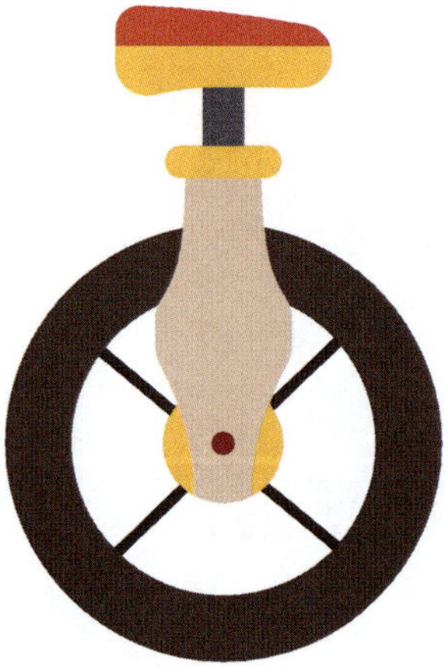
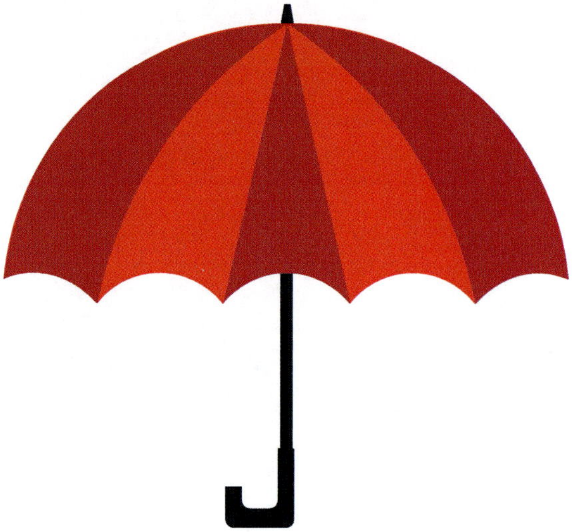

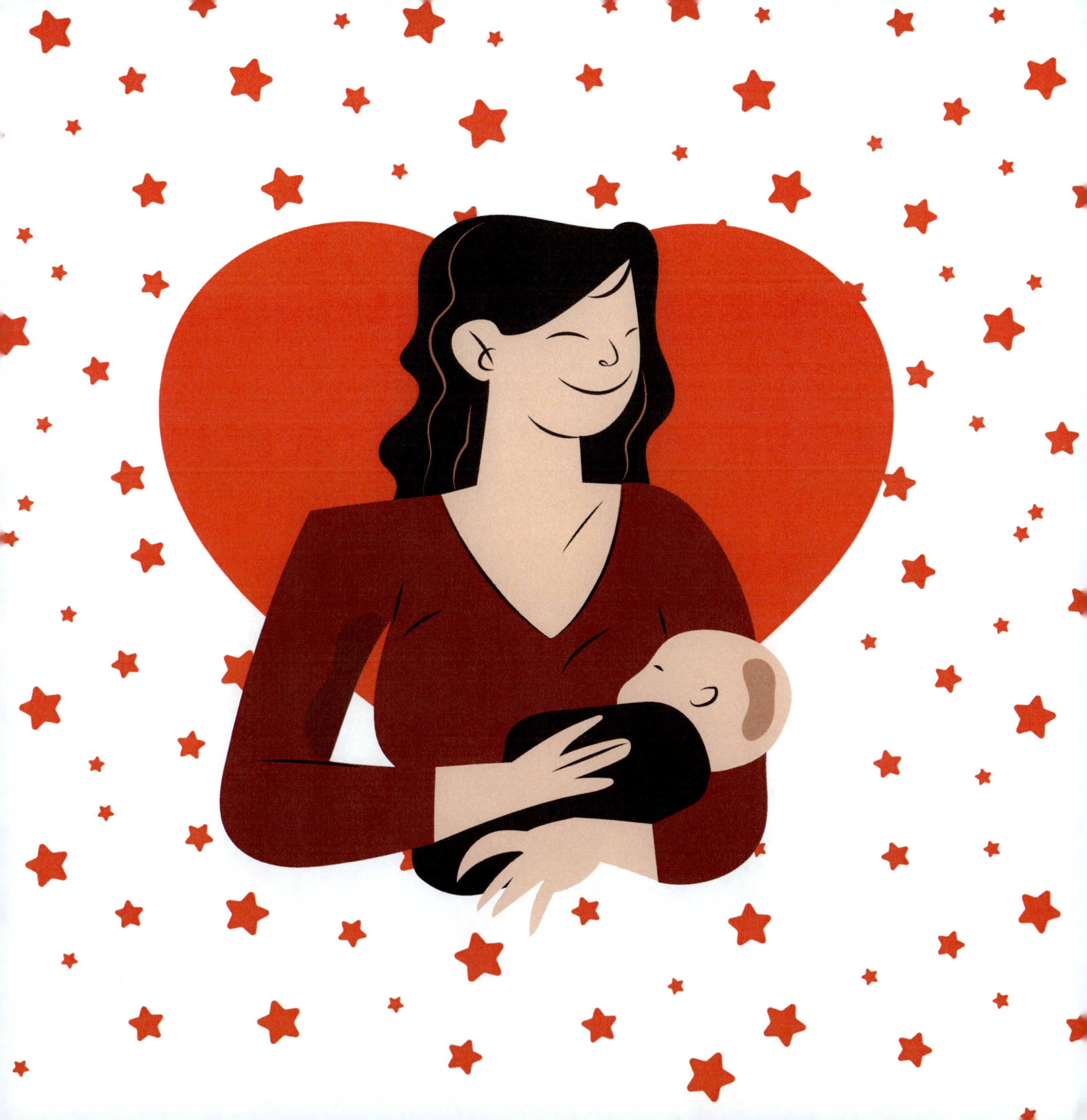

Vv

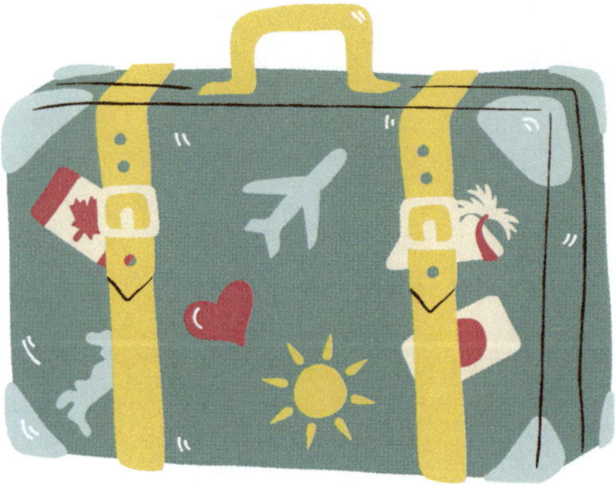

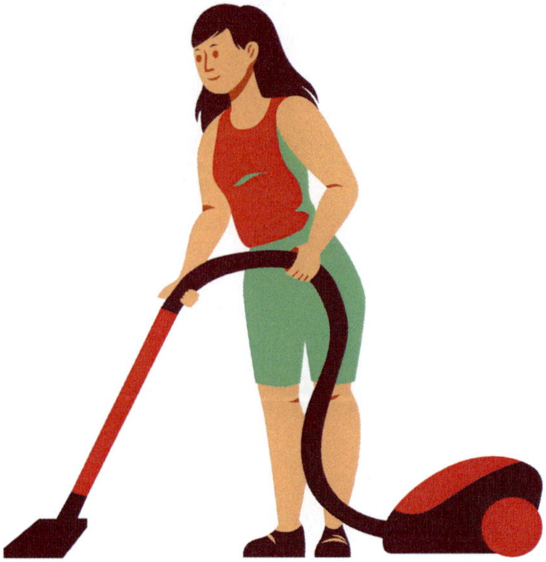

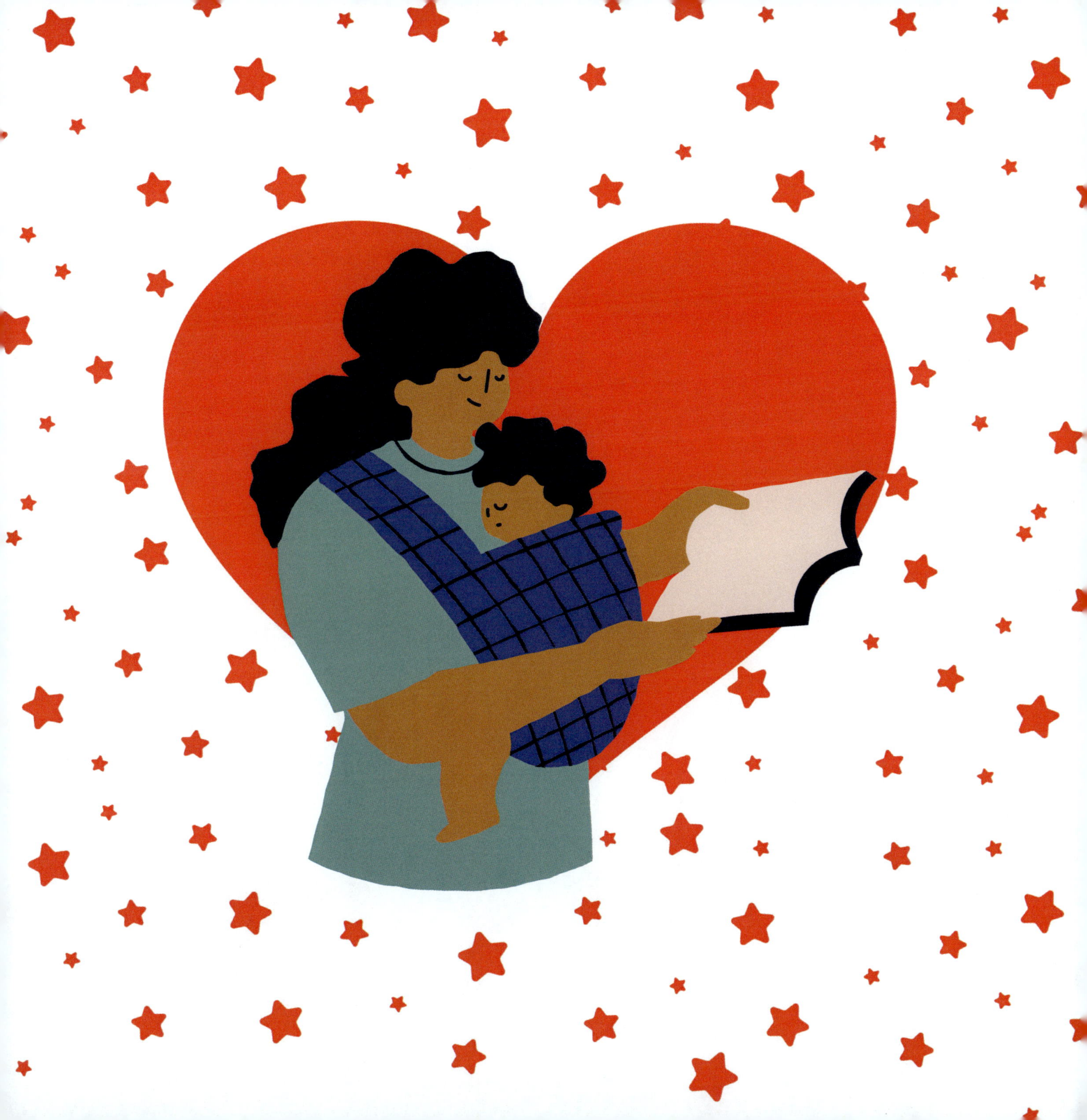

Ww

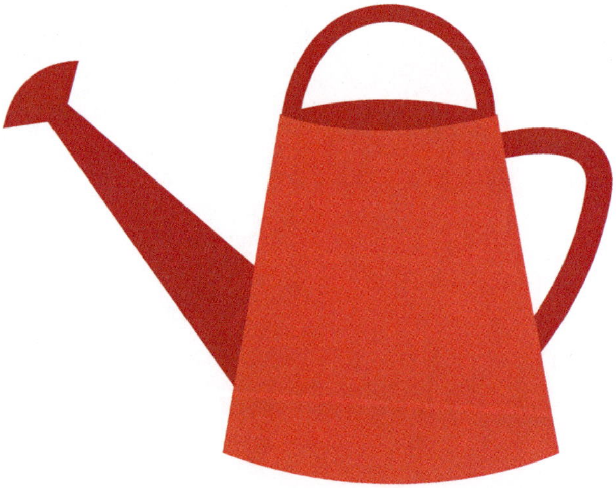

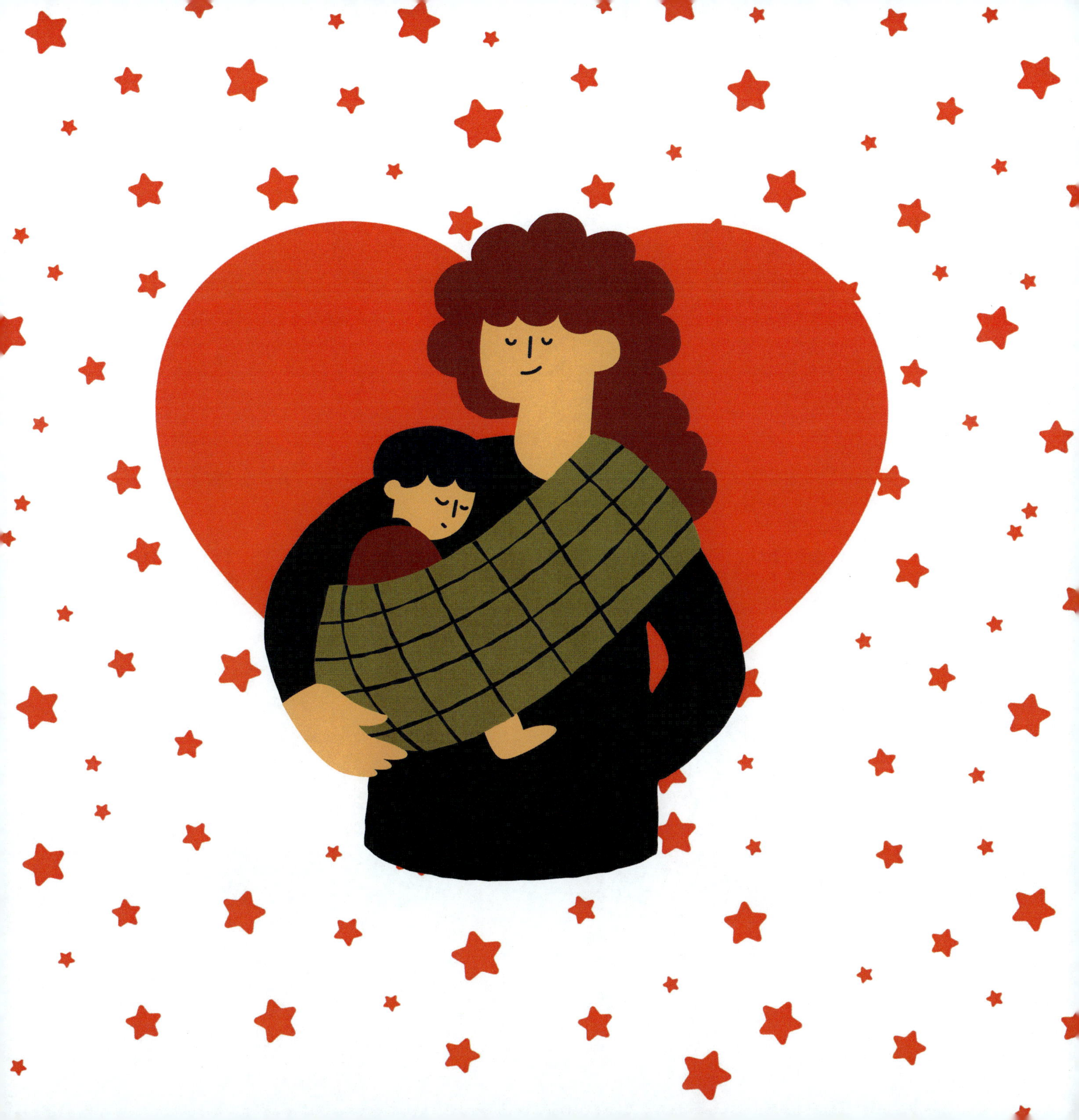

Xx

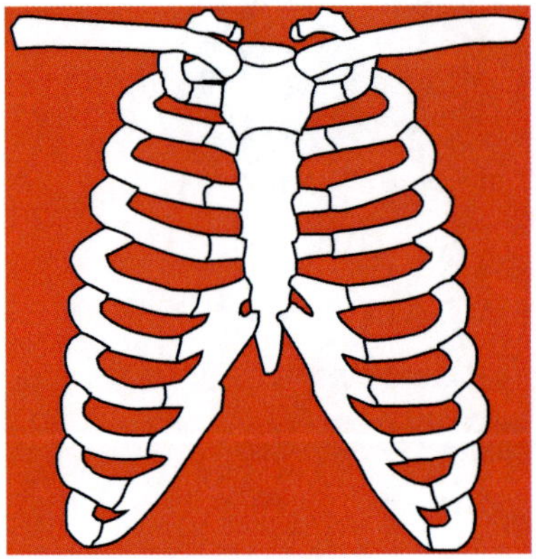

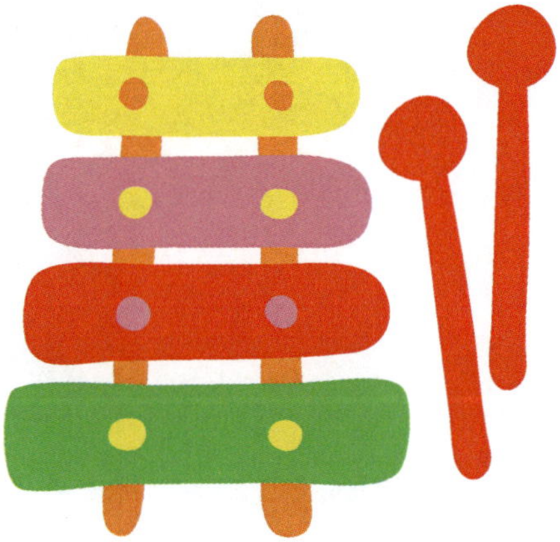

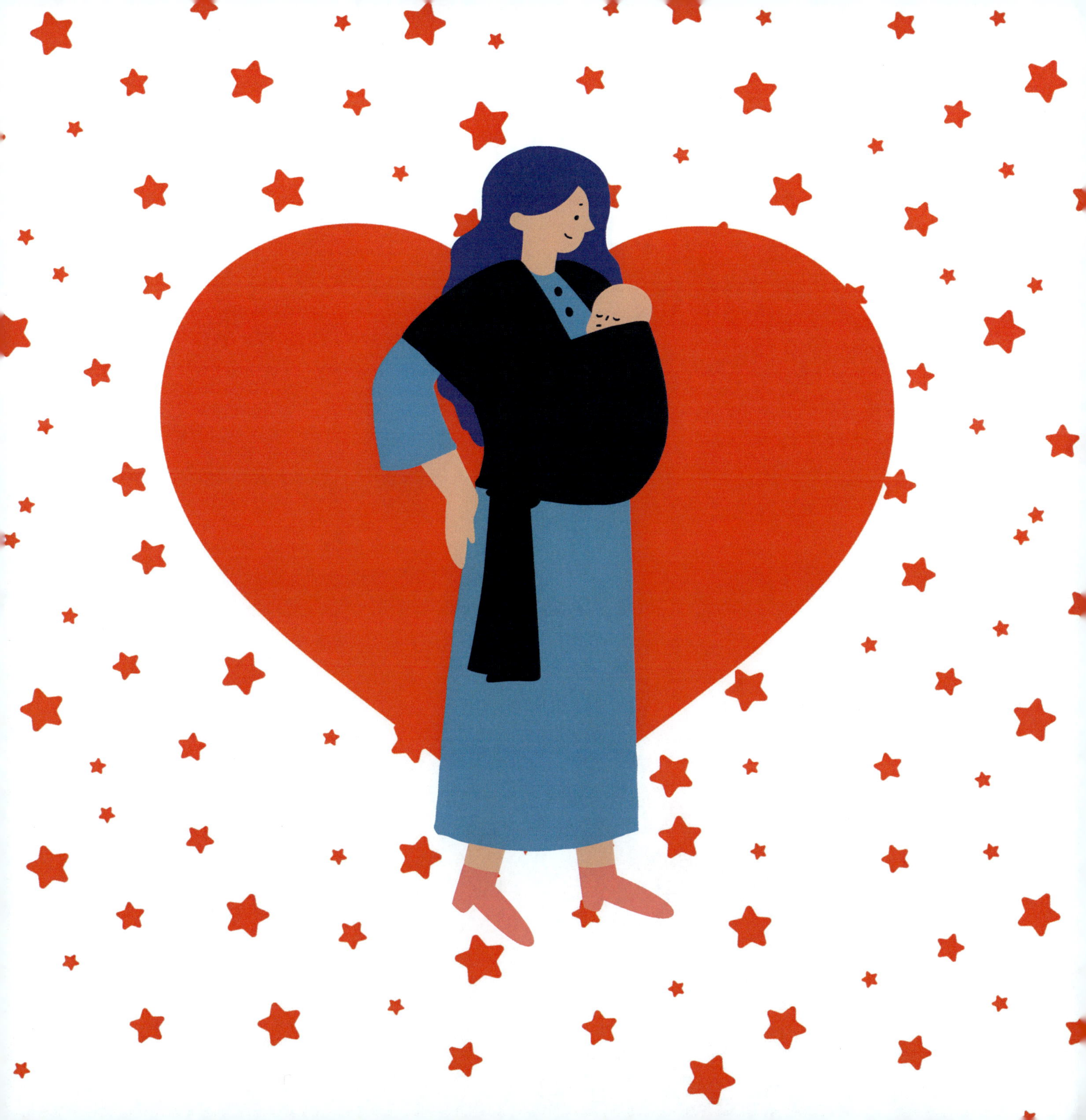

Yy

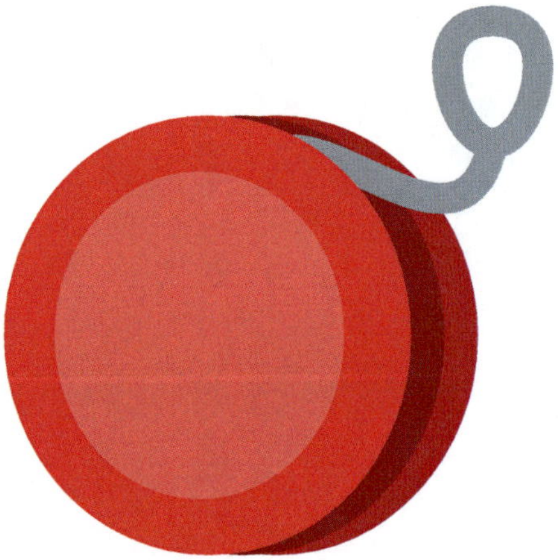

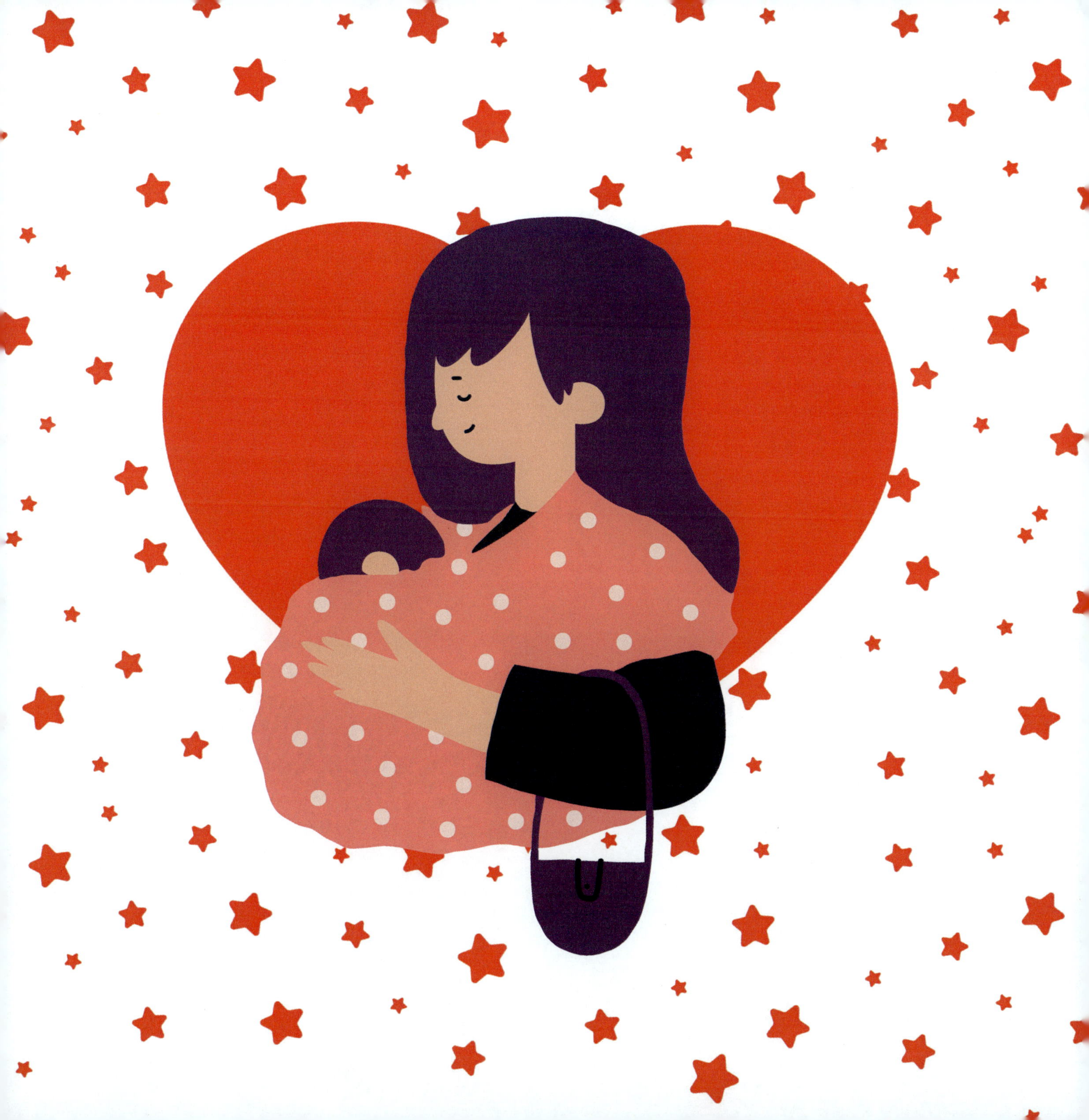

Zz

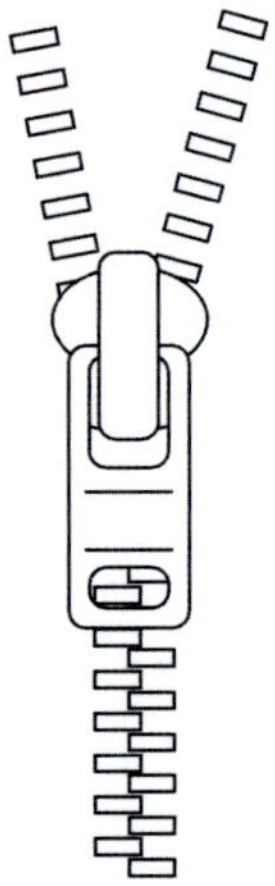

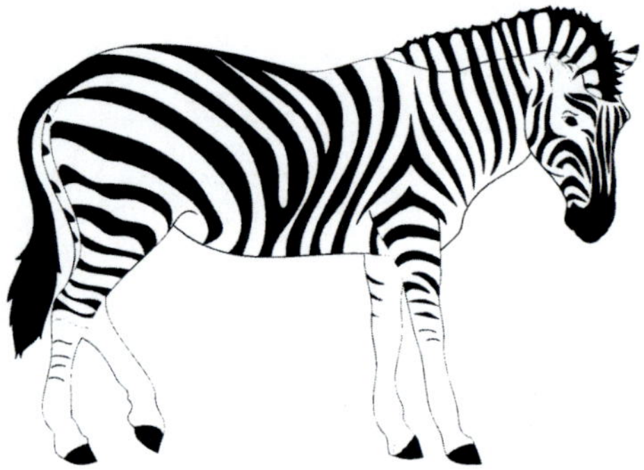